Tu relación con el dinero

Mario Pérez Ladrón de Guevara

Tu relación
con el
dinero

Descubre el camino hacia tu libertad financiera

EDICIONES URANO
Argentina – Chile – Colombia – España
Estados Unidos – México – Uruguay – Venezuela

Tu relación con el dinero
© 2013 by Mario Pérez Ladrón de Guevara
© 2013 by Ediciones Urano, S.A. Aribau, 142,
pral.–08036 Barcelona

Ediciones Urano México, S.A. de C.V.
Insurgentes Sur 1722, oficina 301,
Col. Florida, Del. Álvaro Obregón,
C.P. 01030, México, D.F.
www.edicionesurano.com
www.edicionesuranomexico.com

Primera edición: Agosto de 2013
ISBN: 978-607-9344-06-1

Diseño de cubierta e interiores: Joel Dehesa
Ilustración de portada: Vectomart/Shutterstock

Impreso por Metrocolor de México, S.A. de C.V.,
Rafael Sesma H., No. 17, Parque Industrial FINSA,
C.P. 76246, El Marques, Querétaro, Qro.
Impreso en México – *Printed in México*

A todas las personas que contribuyeron
con la publicación de este libro.

ÍNDICE

PRÓLOGO

BIENVENIDO, VIAJERO, A UN VIAJE POR TI MISMO

Hola, me llamo Roberto y soy un desastre con mi dinero. Confieso que anoté en algún lugar esta frase para empezar con ella el prólogo de este libro. Suponía que, leyéndolo, me daría cuenta de algún vicio que, con voluntad y el propósito de abstenerme un día a la vez, podría enfrentar. Sí, porque a veces me siento culpable cuando gasto mi dinero. Alguien debería ver mi cajón de ropa deportiva. Seguramente pensaría que estoy inscrito en todos los maratones importantes del mundo y en alguna que otra carrera de fin de semana, a juzgar por la cantidad de shorts que he comprado. Y cuando entro a una tienda de ropa deportiva, consciente de que ya no necesito más, ahí va de nuevo la tarjeta de crédito.

Pero no, este libro no se trata de eso, de que nos veamos en un espejo y descubramos que tenemos un vicio que ya sospechábamos que teníamos; va más allá.

Empecé a leerlo para ver si encontraba alguna receta para salir de esa culpa. Me imaginaba que habría algunas "historias y preguntas poderosas", como dicen algunos psicólogos, para curar la enfermedad que yo mismo me había diagnosticado. Y descubrí que no se trata de enfrentar un diagnóstico sencillo, sino de entrar de verdad a las profundidades de quién es uno y de identificar si estoy "atorado" en alguna creencia antigua que evita que disfrute más de la vida, porque a fin de cuentas de eso se trata, al gastar, ahorrar e invertir.

¿Cuál crees que es tu problema con el dinero? Hice esa pregunta en twitter y la respuesta más común fue: "que gasto más de lo que gano". Pero ésa es una respuesta aparente que te está ocultando tu verdadera relación con el dinero. Por eso tantos (aburridos) libros y blogs de finanzas personales empiezan recomendando a sus lectores que no gasten más de lo que ganan. Por ahí alguien se atreve a decir, y eso ya es ventaja, que si se tienen demasiadas deudas, hay que revisar el estilo de vida o buscar la manera de ganar más para pagarlas.

Este libro no es para regañar a los lectores y darles la obvia receta de que se organicen para gastar y la sugerencia de que gasten menos de lo que tienen. Si este libro se tratara de eso, créeme que yo te advertiría que no gastaras en él.

Ahora, si estás dispuesto a entrar a este libro, el viaje no será fácil. Prepárate para enfrentar a tus fantasmas. Estarás armado con un lápiz que te ayudará a contestar los muchos ejercicios que se te ofrecen para que descubras qué te impide disfrutar el dinero, qué te hace gastarlo de más, qué te detiene a ahorrar para el futuro -aun sabiendo que necesitarás dinero cuando seas un anciano o para cubrir una posible enfermedad... con este libro vas a descubrir cómo empezar a tener una relación sana con el dinero.

Y es que el dinero no es un premio. Tampoco es una maldición enviada por el diablo para dividir a la humanidad. No es algo que le da poder a tu mamá y papá para que tú sigas siendo un niño toda la vida. No es el horrible mal que esclaviza a los hombres. ¿Qué es entonces? De ti depende descubrir qué es.

Te doy una pista: el dinero es tiempo. Es el símbolo de que alguien le dedicó tiempo a un trabajo, a esperar a que creciera una planta para venderla después o a esperar a que una inversión diera frutos. Es lo que te pagan por tu tiempo en el trabajo.

En tu historia puede haber algunos hechos que ahora hacen que te sientas inseguro sobre tu capacidad de generar dinero. Porque podrías tener una relación infantil con él y no saber muy bien de dónde viene y qué hacer con él. Tal vez haya sido muy cómodo para ti estar en esa situación durante un tiempo, pero seguir atorado en ella te impide crecer y le impide crecer a tu cartera. Ése es sólo un ejemplo del tipo de relación que podrías descubrir que tienes con el dinero.

Me pondré muy culto y te citaré al Julio César de William Shakespeare. Como recordarás, Julio César fue un emperador romano que murió asesinado por unos conspiradores, entre ellos Bruto, que consideraban que se había convertido en un tirano. Cuando Casio y Bruto ven la gloria que ha conseguido Julio César tienen un gran diálogo: Casio le dice a Bruto que cómo es posible que ese César, que no es más fuerte ni más valiente que ninguno de ellos, se haya convertido en un hombre adorado por sus súbditos. Le recuerda cómo, cuando César se enfermó en España, lloraba como "una niña enferma" y ahora estaba en la cúspide del poder.

No me digas que no has escuchado o tenido ese diálogo cuando hablas de tus compañeros de la preparatoria o de la universidad que ascendieron a puestos altos. "Quién lo diría de ellos, si eran unos buenos para nada".

Este tipo de diálogos pueden desenmascarar la relación con el dinero -o con la capacidad de generarlo y ponerlo a trabajar- de quienes participan en ellos. Sí, a veces hay que derrocar emperadores cuando se convierten en tiranos, pero otras veces hay que descubrir qué es lo que está ocultando nuestra envidia y ver que es probable que ésta nos esté sirviendo para justificar nuestra falta de acción.

Este libro te va a servir para descubrir qué tan fuerte y qué tan valiente puedes ser en tu relación con el dinero, y de paso, las reflexiones que aquí encontrarás también podrán ayudarte a descubrir tus fortalezas en otras áreas de tu vida y que, por pura comodidad, no has querido explotar. Esa comodidad podría estar sumiéndote en una situación mucho más incómoda que la que podrías conseguir si desplegaras tu fuerza.

Te digo que anoté en un lugar esa frase, supuestamente divertida, con la que empezaría el prólogo del libro, pero el ejemplar que me envió Mario se fue apoderando de mí. Y me parece que esa forma de ver el libro ya no es la correcta. Como te menciono, no se trata de tratarte una "enfermedad" que tú ya creías que tenías, se trata de descubrir tu realidad.

Tomé una pluma para responder todos los ejercicios, lo hice en un cuaderno aparte porque no quería rayar el ejemplar o tal vez, porque no quería que alguien más se asomara a lo que estaba descubriendo de mí mismo. Porque vas a descubrir algo de cualquier manera. Y no creas que descenderás a los infiernos para tener visiones horribles. Descubrirás lo que te tiene estancado, si es que lo estás -y es probable que lo estés en más de un aspecto- pero también podrás ver lo que te permitirá salir adelante, mucho más adelante de lo que has logrado hasta el momento.

No te llegará ayuda del cielo. Será todavía mejor. Tendrás más claro tu propósito. Y no sólo respecto a tu cartera. El dinero tendrá, por fuerza, que ayudarte a cumplir ese propósito que ahora sí podrás aclarar.

Roberto Morán Quiroz,
Autor del libro *Lo que debes saber de dinero antes de cumplir 40*, Ed. Diana, México, 2012.

INTRODUCCIÓN

La situación económica que disfrutas o sufres hoy es una consecuencia de tu relación con el dinero, un síntoma de ti mismo originado por las decisiones que has tomado, partiendo de tu forma de ser. En estas páginas encontrarás el secreto para cambiar tu mentalidad sobre el dinero y mejorar tu economía de forma contundente.

La oferta de conocimientos relacionados al dinero y su manejo ha aumentado de forma considerable en los últimos años, pero la mayoría de las propuestas muestran solamente un fragmento de la foto completa e ignoran el problema de fondo: la forma en la que nuestra psicología afecta nuestros resultados financieros. En la práctica he conocido personas que, con la intención de mejorar sus finanzas, toman cursos de administración o de contabilidad, pero las técnicas que aprenden no les funcionan sino hasta que cambian internamente ellos mismos. Para acumular riqueza, aprender un método de ahorro no es suficiente. Si quieres salir de deudas puedes elaborar un plan de pagos, pero si no eres capaz de modificar tu comportamiento consumista, tus estrategias serán inútiles. Si quieres generar abundancia en tu vida tomando el curso *Vuélvete millonario con el parpadear de un ojo y haciendo lo que te dicen*, pero no dedicas tiempo a incrementar tu inteligencia financiera, cualquier truco será inservible. Sin importar cuánto o qué es lo que aprendas, la solución para cambiar tu economía se encuentra en tu desarrollo interno, en tu cambio de mentalidad sobre el dinero.

Aunque el dinero tiene una realidad objetiva y matemática, al caer en las manos de una persona, se activa un universo de posibilidades subjetivas que lo convierten en un objeto simbólico, que agrupa las ideas y emociones de su observador. Para algunos, el dinero es un símbolo de poder mientras que otros lo ven como un recurso, como un símbolo de unión y algunos hasta dicen que es el peor de todos los males, pero veamos, ¿quién dirías que tiene la razón? En mi propia investigación sobre la psicología del dinero, motivado por identificar una solución definitiva, que integrara todas las perspectivas en una sola, leí libros, artículos y revistas, tomé cursos, entrevisté a personas que considero autoridades en la materia y lo que aprendí es que sus puntos de vista dependen de su experiencia particular. Cada quien interpreta el dinero de una forma distinta, en función de su mentalidad y le da un uso congruente con lo que ve en él. Las personas que se sienten inseguras ven en el dinero una protección y lo resguardan como un tesoro, los de naturaleza competitiva lo ven como un trofeo e idean estrategias para aventajar a los demás, los aburridos lo ven como un boleto de feria y lo emplean para sentirse estimulados, los abusivos lo ven como el pretexto para aprovecharse de otros, los que todavía no saben quiénes son lo usan para lo que sea, etc. Imagina que existieran billetes diferentes para cada uno, cuyo nombre reflejara el valor subjetivo que cada quien le atribuye al dinero. Si Carolina ha vivido en situaciones de carencia, y entiende que el alimento es necesario para sobrevivir, de manera inconsciente asociará que su supervivencia depende del dinero. Así, sus billetes se llamarían "recursos para la supervivencia" o algo similar. ¿Cómo crees que se comportaría si le ofrecieran gastar sus billetes en un vestido de última moda? ¿Crees que pagaría tranquilamente con sus "recursos para la supervivencia"? Ahora piensa en Arturo, quien recientemente dejó de vivir en casa de sus padres para volverse independiente. El dinero que gana lo reafirma como una persona que es capaz de tomar sus propias decisiones, así que sus billetes se llamarían "autoafirmadores". ¿Cómo crees que reaccionaría si alguien le dice que no debe gastar en algo que desea? Piensa en María, quien ha decidido ahorrar pues está preocupada por el futuro de su familia. Sus billetes llevarán el nombre de "bonos de seguridad para el futuro". ¿Crees que cedería fácilmente al impulso momentáneo de gastar?

¿Qué es para ti el dinero? La interpretación que hagas de él revelará lo que sucede en tu interior. Tus opiniones del dinero muestran más que unas simples ideas, tus palabras son extensiones de ti mismo, prolongaciones de tus pensamientos y, si los contemplas, estos te pondrán en contacto con tu intimidad.

Tu mentalidad es un precursor importante de tu comportamiento. Cambia tu mentalidad y cambiarán tus números, sé la persona que "debes ser" en función de tu objetivo y verás a tus sueños materializarse. Despertar a tu psicología del dinero es el punto de partida para identificar cuáles son los aspectos de ti mismo que afectan positiva y negativamente tus resultados financieros. Al trabajar contigo mismo y convertirte en una persona "adecuada a lo que se propone", no tendrás ni que pensarlo, tus resultados serán una consecuencia directa de tu forma de ser.

En uno de los seminarios de "Tu relación con el dinero", una participante nos compartió su experiencia. Ella trabajaba para una empresa y ganaba por quincenas. Cada que pensaba en su situación económica terminaba preocupada y de mal humor. Tenía sus tarjetas de crédito hasta el tope y se confiaba de sus ingresos futuros para pagar sus deudas. Vivía con sus padres y quería rentar un departamento para vivir sola. No ahorraba, era presa del consumismo y, tan pronto recibía su sueldo se lo gastaba. Después de participar en el seminario, algo cambió en ella. Pasados unos meses, por primera vez logró ahorrar, estaba deshaciéndose de sus deudas y a punto de pagar la primera renta de su nueva casa, tal como lo quería. Algo interesante es que durante el seminario, no solamente aprendió alguna que otra técnica para administrarse mejor, sino que al hacer un trabajo de reflexión, descubrió su psicología del dinero, modificó su mentalidad y después, los resultados se dieron por añadidura.

Las respuestas que buscas, las encontrarás en tu cambio interno. Si en tu caso no ganas lo que quieres, algo habrás de cambiar en ti mismo para generar más ingresos; si quieres dedicarte a algo que te permita vivir bien, pero que te exija menos esfuerzo, deberás desarrollar una personalidad adecuada para ello; si quieres deshacerte de tus deudas de una vez por todas, algo deberás hacer para dejar de ser una persona dependiente y; si quieres tener un futuro económico resuelto, buscarás incrementar tu inteligencia financiera y hacer de tu desarrollo un hábito. Psicología y dinero van en la misma canasta.

Este libro incluye lo siguiente:

- El análisis de algunos aspectos medulares de la mentalidad sobre el dinero que podrán facilitarte el camino para adquirir un estado de realización tanto mental como financiero o para hacer que tus sueños se vuelvan realidad.
- Un estudio de programación al dinero que revela cómo tus creencias, emociones y actitudes derivan en una personalidad económica particular. Dependiendo de cómo se ajuste a ella el tipo de trabajo que desempeñas, generar ingresos puede serte natural o antinatural y dejarte satisfecho o vacío al finalizar el día.
- Una exploración de la forma particular que toma tu relación con el dinero en base a conflictos existenciales de acuerdo a tu nivel de madurez. Al adquirir consciencia de cuál es tu forma de relación serás capaz de prevenir mejores desenlaces, no sólo relacionados a tus números actuales, sino a los del futuro con el que te quieres encontrar.
- El planteamiento de una forma de administración personal y siete indicadores que podrás calcular cada mes. De ellos obtendrás información valiosa que te ayudará a saber si vas en camino de adquirir libertad o esclavitud financiera.

Para profundizar y aterrizar tu caso particular, en cada capítulo realizarás ejercicios que he llamado "prácticas" que te ayudarán a identificar los aspectos psicológicos que han estado influyendo en tu relación con el dinero hasta el día de hoy. Te recomiendo que dediques tiempo suficiente para realizarlos, de preferencia en un ambiente y espacio donde no seas molestado. Los ejercicios inspiran al discernimiento y facilitan el contacto con tu interior por lo que es de suma importancia realizarlos cuando se presenten durante la lectura del texto, no antes y no después.

Estos ejercicios son herramientas de autodiagnóstico. Para complementar su objetivo, encontrarás interpretaciones de los resultados que darán un marco a tu experiencia. Las ideas y los cuestionamientos que verás pueden generarte alguna reacción, si esto sucede, aprovecha tu experiencia no para estar de acuerdo o en desacuerdo sino para contrastar con tu experiencia, encontrarte contigo mismo y conocerte mejor.

Al finalizar cada capítulo encontrarás:

- Un resumen para puntualizar aspectos relevantes de la información presentada.
- Compromisos que deberás asumir a partir de ese momento para mejorar tus finanzas y tu experiencia con el dinero.
- Espacios para plasmar las actividades inmediatas, derivadas de los compromisos, a las que deberás dar seguimiento con el paso de los días.
- Una sección que lleva por título *¿De qué te das cuenta ahora y qué vas a hacer con eso?* en la que deberás redactar las reflexiones que vayan surgiendo en ti a raíz de resolver los ejercicios y leer los contenidos.

No me queda más que desearte que disfrutes este viaje de descubrimiento que estás por emprender; éste será la base para una transformación profunda. Espero que la lectura de este libro te ayude a asumir el papel de agente de cambio en tu vida y en la de aquellos que te rodean. Para iniciar, haremos una reflexión de tu momento actual y dejaremos que afloren algunos de tus aprendizajes acerca del dinero.

Práctica 1: **Ficha de identificación**
Tiempo estimado: 10 minutos

Llena el siguiente formulario:

Fecha: ....

¿Actualmente para qué usas tu dinero?

....

....

....

Escribe en el cuadro de la extrema derecha los años que te gustaría vivir.

En el cuadro del centro escribe la mitad de ese número, (que representa la mitad de tu vida).

Marca en la línea gruesa de la parte inferior tu edad actual, ubicándola donde corresponde.

Rellena con lápiz o pluma el segmento que ya has vivido, que iría de cero a la edad que tienes hoy.

Responde las siguientes preguntas:

¿Actualmente a qué te dedicas?

....

¿Cuánto tiempo hace que te dedicas a ello?

....

¿Qué te motivó a adquirir este libro?

Por último, completa las siguientes frases con el primer pensamiento que se te ocurra, no lo analices mucho, simplemente escribe lo primero que venga a tu mente. Evita que se repitan tus respuestas y procura que sean frases de más de tres palabras.

Yo creo que el dinero...

Cuando no lo he tenido...

El que consigue todo lo que quiere...

El dinero que recibo...

Para tener dinero...

Gracias al dinero...

El dinero me ha permitido...

El dinero me ha dificultado...

Nunca imaginé que el dinero...

¿Comienzas a ver la dirección que llevan tus respuestas? ¿Detectas alguna constante en ellas? ¿Eres consciente de cómo tu forma de ser influye en tus resultados financieros?

Entrar en contacto con tu realidad económica por medio de estos ejercicios iniciales te ayudará a sacar mejor provecho de los conceptos planteados a lo largo del libro. Cuando lo sientas necesario, no dudes en regresar a estas páginas y comparar tus respuestas con lo que vayas descubriendo.

1

UN VISTAZO A TU REALIDAD

En este primer capítulo revisaremos el origen de tu mentalidad financiera. Primero exploraremos la importancia que tiene tu manera de pensar sobre el dinero en tus resultados y descubrirás cómo es que ésta puede ser una herencia de tu pasado. Actualmente existen creencias y paradigmas medulares a la vida que conocemos, que están cambiando y, al volverte consciente de lo que está aconteciendo, podrás aprovechar el cambio a tu favor. Además, desarrollarás tu habilidad para modificar tu realidad desde tus pensamientos y pesaremos, en la balanza, tu preocupación por el dinero y tu desarrollo personal. Finalmente, adquirirás consciencia de cómo salir de una vida de inercia, en la que podrías estar atrapado, y reconocerás la importancia de adoptar comportamientos congruentes con tus objetivos, como una estrategia para hacer que tus sueños se vuelvan realidad.

VIVIR TU VIDA O VIVIR TU HISTORIA
Cambia tu mentalidad

¿Sabías que tu mentalidad influye en las experiencias que tienes del dinero?

Dos hermanos, al terminar la carrera de administración, recibieron de su padre la misma cantidad de dinero para iniciar con sus negocios. Al término de 1 año, uno de ellos había duplicado la cantidad inicial y el otro había quebrado. Dos personas en condiciones similares con resultados tan distintos, es una cuestión de mentalidad.

Cada uno de nosotros tiene una forma de pensar sobre el dinero que nos distingue de los demás, que nos hace únicos. La forma en la que ves el mundo influye en tu comportamiento, igual que tus resultados financieros son la consecuencia de tu psicología. Si hoy tienes ahorros, si debes, o si gastas todo lo que ganas, es porque tu mentalidad te impulsa a ello; si tus ingresos son altos o bajos y si son constantes o intermitentes, también.

Quizás tengas el deseo de mejorar económicamente, pero pretender un cambio sin modificar tu ideología personal, te hará caer en el drama del necio que repite, sin darse cuenta, la misma respuesta que acostumbra esperando obtener un resultado diferente en el futuro. Las "soluciones rápidas" ayudan a salir de un bache, pero no a provocar cambios en el largo plazo. Si tendieras al sobrepeso, por ejemplo, podrías hacer de vez en vez dietas fulminantes que te ayudaran a perder kilos fácilmente, pero si no eres capaz de controlar tu ansiedad, cambiar tus hábitos alimenticios y tu relación con la comida, al poco tiempo volverás a ganar los kilos que perdiste.

Dependiendo de qué tan inconforme te sientas con tu realidad, podrías sentirte motivado a hacer algo para cambiarla y, si eres como muchos, pensarás que la clave está en aprender a administrarte, en hacer un presupuesto o en utilizar alguna fórmula que te diga cuánto deberías ahorrar y cuánto gastar. Pero estas herramientas no son el elemento clave de unas finanzas saludables. Hay personas que ahorran sin saber cómo utilizar un presupuesto y personas que se meten en problemas financieros habiendo tomado cursos de contabilidad. Aprender a administrarte, aunque te ayude a resolver un problema en el corto plazo, no es suficiente para propiciar un cambio que se sostenga en el tiempo; es al renovar tu mentalidad sobre el dinero que los cambios perdurarán a lo largo de los días.

Pero he aquí la pregunta del millón: ¿Cómo se cambia la mentalidad? De entrada deberás estar dispuesto a modificar las creencias que has adoptado a lo largo de tu vida y que te estorban para cumplir con lo que quieres. Aunque un camino de autodescubrimiento puede ser a veces una experiencia incómoda, si quieres aspirar a un cambio real, deberás volverte consciente de ti mismo y de tu actuar. Salir de la costumbre, tener disposición, pensar "afuera de la caja", cuestionar tus creencias y abrirte a nuevas posibilidades será crucial para que se dé lo que en tu caso no se había dado antes.

Este libro es una herramienta de autodescubrimiento. Los ejercicios que aquí encontrarás te ayudarán a identificar con precisión cuáles son los aspectos que debes modificar para desarrollarte, aspirar a una mejor economía personal y cumplir tus sueños. ¿Qué dices? ¿Estás listo para conocerte a ti mismo, descubrir tu mentalidad acerca del dinero e impulsar tus resultados financieros tan alto como puedas imaginarlo?

Rompe con el legado del pasado

Dicen que cuando uno no conoce su historia está condenado a repetirla. ¿Qué preferirías llenar un zapato que no es el tuyo o hacerte uno a tu medida?

Eres un eslabón en una cadena. Desarrollas conocimientos con base en lo que aportaron tus predecesores y, ahora que estás vivo, te toca cargar la estafeta para dejar algo a los que vendrán después; somos una especie que se hace de su historia y que se hace en red. Lo que hoy das por hecho como tu realidad, tuvo sus orígenes en el pasado y lo mismo sucederá con las generaciones futuras, como resultado de lo que hagas en tu tiempo. ¿Te imaginas cómo era la vida cuando no había luz eléctrica? La luz del sol tenía otro significado y otras implicaciones muy diferentes a las de hoy. Cuando presionas el interruptor de luz das por hecho que el foco encenderá para iluminar la habitación, sin cuestionarlo, aun cuando no sepas lo que se necesitó para que esto sucediera. Descubrir la electricidad, encontrar una forma de dirigirla, inventar la bombilla eléctrica y diferenciar los materiales conductores de los aislantes. Una cosa llevó a la otra hasta obtener un mundo iluminado, para que para ti, usuario final, sea tan sencillo como subir y bajar una palanca.

Lo que hoy ves en tu realidad derivó de un pasado que quizás desconozcas. Si conocieras la historia de tus antepasados descubrirías que cada generación desarrolló ideas acerca del dinero acordes a su situación y, en la medida en la que surgieron nuevas generaciones, las ideas se fueron heredando inconscientemente hasta llegar a ti. Sin darte cuenta, podrías haber adoptado una mentalidad que no se originó en tu tiempo sino años atrás. Mira, la madre regaña al hijo mayor cuando intenta tomar galletas del frasco, eventualmente el niño aprende que hacerlo es un comportamiento no deseado, y así, surge una creencia: "tomar galletas del frasco si mamá no da permiso, es malo". El hermano de en medio intenta hacer lo mismo pero es reprendido por el hermano mayor. Cuando llegue el más pequeño e intente hacer lo mismo, será detenido por el hermano de en medio, aunque no haya sido regañado directamente por la madre y ¡sin saber por qué no puede hacerlo!

Pensemos en un señor que quiso entrar a trabajar a una empresa pero no lo logró, así que se vio obligado a poner su propio negocio para ganar dinero. Ahora tiene un hijo que está por terminar sus estudios y lo que desea es trabajar en un corporativo para adquirir experiencia. Él lo desalienta por las dificultades que, según su experiencia, sabe que tiene el aplicar a un empleo y si el hijo abandona su deseo, dentro de unos años le dirá a los suyos que conseguir un empleo es difícil, que mejor será trabajar en el negocio familiar, así, se formará una familia de empresarios por tradición. Imagina ahora a un señor que quiso poner su negocio pero fracasó y alienta a su hijo a que se gane la vida en un empleo; sucedería lo mismo.

Hay personas que han aprendido a administrar su dinero tal como lo hacían sus padres o sus abuelos, sin saber si los métodos que adoptaron funcionarán igual a como les funcionaron a ellos. La realidad que ahora vivimos es diferente a la de hace tiempo. ¿Te has puesto a pensar cuántas ideas tuyas sobre el dinero son una repetición de las ideas de otras personas que formaron parte de tu pasado? ¿Qué pensarías si te dijera que las ideas que tienes del dinero no son tan tuyas como crees? Las creencias que se han transmitido tanto en tu familia como en tu sociedad, de una generación a otra, constituyen un pilar importante en tu mentalidad, aunque no te des cuenta. Pero el problema no es haber heredado una ideología sino aproximarte a tu realidad con ideas que, para tu tiempo y objetivos, quizás sean inadecuadas. Si en el pasado tu familia atravesó por momentos económicos difíciles, habrá desarrollado una mentalidad mezquina que era necesaria para hacer frente a su situación. Ahora, supongamos que tú ganas lo suficiente como para solventar tus gastos y mucho más, y no como ellos en su momento, si no eres consciente de la manera en la que influye tu mentalidad en tus decisiones, podrías pensar que el dinero debe contarse a cuentagotas, porque así lo aprendiste. Si este fuera el caso, te privarías de la oportunidad de vivir tu realidad como realmente es. Pensemos ahora en un caso contrario, si tu familia vivió un pasado holgado y adoptó una mentalidad espléndida con el dinero, misma mentalidad que heredaste, pero tu situación económica actual no está como para gastar despegadamente, podrías enredarte en complicaciones como consecuencia de decisiones despreocupadas que no estarían ajustadas a tu realidad.

De acuerdo a algunas corrientes de psicología, desarrollar un criterio propio e independiente de los padres, de la familia y de las sociedades de las que formamos parte es necesario para consolidar la identidad individual. Así es como lo demuestran los académicos que han nacido en familia de comerciantes, los futbolistas que nacieron en casa de matemáticos, los científicos que se formaron en casa de esotéricos, los sacerdotes de familia de abogados y los psicólogos en casa de contadores. Tuviste un punto de partida, una línea de arranque y un origen, pero esto no significa que a la larga debas cumplir con el "destino" que social, familiar y culturalmente crees se ha impuesto sobre ti. Conozco a una mujer empresaria que comenzó a disfrutar de sus logros hasta que mentalmente se alejó de su familia, a un emprendedor que para tener éxito tuvo que dejar a sus amigos atrás, a un empleado que subió de puesto cuando tomó la decisión de no seguir los pasos de su padre y a una vendedora que se convirtió en la mejor cuando dejó de darle entrada a las críticas opresivas de su pareja. Estos son casos extremos y no quiere decir que para tener éxito debas planear tu vida en el aislamiento, pero sí deberás atreverte a elegir las creencias que te convienen, en función de lo que quieres para ti.

Pregúntate, ¿qué de lo que has aprendido sería mejor dejar atrás? Sé que para algunos, cuestionar su propia mentalidad puede ser sinónimo de desafiar la autoridad de las personas que han influido en su vida, de quienes les han enseñado a ver el mundo de una manera; pero ésta será una proeza necesaria para el que quiera hacerse de un mundo a su medida y quiera dejar de preocuparse por llenar el zapato de alguien más.

Por otro lado, aunque la mayoría compartimos el deseo de estar mejor, la idea de mejorar no para todos es la misma. Cada cabeza es un mundo y las personas somos diferentes, algunos quieren ahorrar, otros quieren tener un negocio redituable, hay quienes quieren deshacerse de sus deudas y quienes quieren preocuparse menos por sus problemas de dinero. Volverse millonario no es la clave de la felicidad para todos y el dinero no significa lo mismo para todas las personas. Tus prioridades responden a tu momento de vida así que deberás desarrollar una solución a tu medida, una mentalidad que impulse tus objetivos personales de acuerdo a tu situación particular actual. ¿Te has vuelto consciente de a qué te está invitando tu vida ahora? Dependiendo de tus aspiraciones deberás exigirte una forma de pensar, acorde con el resultado que esperas. La clave para manifestar tus sueños y traer tus intenciones a la realidad está en ajustar tus pensamientos a lo que exigen los objetivos que te has planteado.

Adecúa tus ideas al presente

Sin importar cuál es tu legado ideológico, ¿estás seguro que tu mentalidad del dinero es adecuada al tiempo que vivimos?

A los que nacimos en esta época nos está tocando vivir la caída de paradigmas que rigieron en el pasado, con lo que se presentan crisis y surgen nuevas creencias. Estamos inmersos en una profunda transición, en un momento decisivo de nuestra historia, tal como lo reflejan las actuales crisis de valores, de creencias, de seguridad, de los sistemas económicos y de gobierno. ¿Qué tiene que ver una crisis global contigo? Que los grandes cambios tarde o temprano terminan por afectar a los pequeños y viceversa. Y es que en un estado de crisis, aunque ésta sea global, la lucha no es externa, se trata en realidad de un enfrentamiento entre las viejas ideas que se resisten a dejar su lugar privilegiado y las nuevas que presionan para derrocarlas, y no sucede en otro lugar mas que dentro de cada uno de nosotros.

En el entorno laboral, por ejemplo, vivir dependiente de un corporativo el resto de la vida es algo que ya no será posible, el sistema de pensiones se ha modificado y a muchos no les tocará vivir lo que sus padres y abuelos vivieron al trabajar por muchos años y luego fueron jubilados. Si tú no gozarás de este beneficio, es mejor que comiences a pensar en el "plan B" para mantenerte a flote cuando ya no tengas energía ni ganas de seguir trabajando. Esta misma situación que viviremos muchos, nos invita a revalorar el ahorro y la inversión como pilares de la seguridad en el futuro, incluso más que antes. Prepararte desde hoy para lo que pueda venir más adelante, es una medida inteligente que puedes anticipar.

Cada vez son más los trabajadores independientes, emprendedores y empresarios que se ganan el sustento lejos del empleo tradicional. Muchas personas están pensando en dedicarse a un negocio propio o en hacerse de fuentes de ingreso adicionales, condición que las motiva a desarrollar su inteligencia de negocios. Los conocimientos necesarios para iniciar una empresa están al alcance de todos, es cuestión de buscarlos y, una vez encontrados, ponerlos en práctica. Generar mayores ingresos no sólo depende de una promoción, sino de adoptar una mentalidad y actitud emprendedoras. Si hasta la fecha no has tenido la experiencia de iniciar un negocio por tu cuenta, quizás sea un buen momento para comenzar.

Las nuevas redes de negocio, donde si a uno le va bien a los demás también, rompen con la idea de "para yo ganar los demás tendrán que salir perdiendo", cada vez hay más personas buscando beneficiar a otros y con ello beneficiarse a sí mismos, se trata de un incremento en la conciencia global y pasar de un "para mí" a un "para nosotros", de la disolución del pensamiento individualista que sólo ayuda a unos cuantos y estanca el desarrollo de cualquier sociedad.

A nivel social también se han dado cambios, algunos provocados por las posibilidades tecnológicas a las que hoy tenemos acceso, tal es el caso de la conectividad permitida por la red de Internet y las telecomunicaciones. Cada avance es una oportunidad para maravillarse; la aceleración que se ha dado en las últimas décadas, una y otra vez nos hace cuestionarnos si la vida es realmente como la hemos pensado. Del radio al mp3, de cine mudo a la realidad virtual, de las cartas por correo a los mensajes de texto y de los depósitos en ventanilla a las transacciones financieras por medio de teléfonos celulares. La inmediatez con la que hoy se puede tener un intercambio con una persona es asombrosa, no sólo con habitantes de nuestra localidad sino de todo el mundo y a cualquier hora del día.

Las facilidades actuales para acceder a la información nos dan la posibilidad de exponernos más y de saber más de todo. Cuando hoy se presenta un embotellamiento en alguna calle, alguien sube el evento a la red para que los demás lo vean, en tiempo real, incluso sin saber a quién ayudará la noticia, simplemente se comparte. Los blogs o páginas de debate en Internet nos dan la posibilidad de transmitir las ideas propias a un gran número de personas; los podcasts y las enciclopedias gratuitas nos abren una puerta al conocimiento y a la sabiduría colectiva como no había sido posible anteriormente.

Hoy sabemos que el interés económico sobre el ecológico ha provocado la devastación de los recursos naturales de nuestro planeta, razón por la que cada día más personas procuran un consumo responsable, que además de todo, les permite disminuir el gasto al ahorrar agua, luz, gas, etc. Hay quienes prefieren adquirir productos que no afecten al medio ambiente y, para algunos emprendedores, el desarrollo sostenible se ha convertido en un negocio redituable.

El efecto en nuestros bolsillos de las crisis financieras globales, nos hace replantear la forma en la que actuamos con el dinero. En algunos casos, se despierta el interés por incrementar las fuentes de ingreso para no depender de una sola, en otros, se reduce el gasto innecesario y se apuesta por la seguridad económica en el futuro.

Son estos algunos ejemplos de cambios propiciados por nosotros mismos y que irónicamente seremos los últimos en asimilar. ¿Cómo complementarías la lista? ¿Qué has visto que es diferente hoy? Estamos presenciando el final de una época, la reestructuración de un sistema de pensamiento que nos lleva a nuevas posibilidades; aquél que más rápido se adapte y actualice su mentalidad ocupará alguna posición aventajada en relación al que se quede aferrado al pasado, resistiéndose al cambio en lugar de aprovecharlo. Piensa cómo sería tu vida si tu futuro económico estuviera asegurado, si tuvieras no sólo una fuente de ingreso sino dos o tres, si con tu actividad no sólo te beneficiaras a ti mismo sino a muchos más y si ayudaras a disminuir el impacto negativo que provocan en la ecología los productos que consumes. ¿Estás preparado para hacerle frente a una nueva realidad?

En la siguiente práctica harás una breve exploración de tu autobiografía financiera. Detectarás los aprendizajes que has adquirido con el paso de los años y que con seguridad forman parte de tu mentalidad sobre el dinero. Sigue las instrucciones y disfruta de esta reflexión.

Práctica 2: **Autobiografía financiera**
Tiempo aproximado: **30 minutos**

> Anota, en la primera columna, los doce eventos más significativos relacionados con tu experiencia con el dinero; aquellos que recuerdes como un parteaguas en tu vida. En la columna de en medio, el año o el periodo en el cual sucedió y, en la última columna, inventa y escribe un título para nombrar ese evento. Imagina que se trata de una nota de periódico, de un artículo de revista, de una película, de una canción o de una obra de teatro basada en ese suceso particular. Si te es difícil hacerlo, puedes copiarlo de alguna canción o película existente.

Autobiografía financiera

Evento	Periodo o año	Título del episodio
1_		
2_		
3_		
4_		
5_		
6_		
7_		
8_		
9_		
10_		
11_		
12_		

Pon por escrito las reflexiones que te surgen al resolver este ejercicio. ¿De qué te das cuenta hasta ahora?

¿Culpas a los demás por tu pasado o aprendes de lo que viviste? Si eres de los que culpa, debes prevenirte de una cosa: no podrás hacer mucho para remediar tu situación pues resolver tu problema dependerá de aquellos a los que señalas. Por el contrario, si en lugar de culpar, aprendes, si entiendes que tus experiencias son la materia prima que puedes aprovechar para beneficiarte en tu presente y futuro, entonces podrás modificar tu realidad como mejor te plazca. Haber vivido un pasado de carencias pudo haber sido doloroso, pero también sentó las bases para desarrollar en ti habilidades y talentos que de otra manera habría sido difícil desarrollar; lo importante está en el enfoque que le des a tu experiencia, en tu mentalidad.

Algunas personas sienten rencor ante los recuerdos, otras, encuentran en su pasado un motor de impulso y no un lastre que cargar. La diferencia entre ambas experiencias radica en el significado que cada uno le da a lo vivido. Si pusiste un negocio en el que fracasaste y perdiste todo tu dinero, tendrás en tu acervo la experiencia de "quebrar", y si aprendes de ella, podrías encontrar la fuerza "del que ya no tiene nada que perder", algo que te será de gran utilidad si decides intentarlo una vez más. Si trabajaste para una empresa que un día sin tocarse el corazón te despidió, seguramente habrás salido de ahí con conocimientos acumulados que podrían representarte ingresos si trabajas usándolos por tu cuenta. Si en el pasado hubo discusiones en tu familia, también habrás aprendido a valorar el cariño de las personas que te importan o a darte tu lugar. ¿Cómo sería en tu caso? ¿Culpas o aprendes? ¿Eres capaz de encontrar el sentido positivo que se esconde en tu experiencia?

Te comparto un caso: Después de una separación dolorosa, Azucena tuvo las opciones de seguir lamentando lo sucedido o de continuar adelante. Un día se quedó sin empleo y aprovechando lo que había aprendido durante su divorcio, se sacudió el miedo y decidió dar una plática para parejas a muy bajo costo, con conocidos y familiares en la sala de su casa. El dinero que recibió lo destinó a imprimir algunos folletos de promoción para una siguiente fecha y poco a poco se abrió camino. Hoy es dueña de un centro de desarrollo para parejas, lo que le da un sentido más trascendental a aquella experiencia traumática y eso no significa que cuando lo recuerda no le duele, o que piense "qué bueno que me pasó", pero sí supo sacarle algo positivo a su mala experiencia.

Ser capaz de reconocer para qué sirvió tu pasado te dará la posibilidad de aprovecharlo en tu favor. Re-significar tu experiencia no quiere decir que te preguntes por qué la vida te hizo eso, sino preguntarte qué es lo que harás con eso que la vida te hizo. Tampoco se trata de tapar el sol con un dedo o minimizar una vivencia dolorosa o negativa (lo que va más en la línea de evadir la realidad), sino de descubrir otras realidades que han estado ahí, latentes en tu experiencia, que quizás no has visualizado todavía y que podrías aprovechar en tu favor para convertir la carga del pasado en una oportunidad para el futuro.

• RESUMEN PARA TU EXPERIENCIA •

Tus resultados financieros son el resultado de tu mentalidad, si quieres ver cambios perdurables a nivel de tu economía, primero deberás cambiar tu forma de pensar. Algunas veces será necesario cuestionar lo que crees de ti y del mundo, aprovechando los efectos renovadores de una crisis. Hoy las creencias en el mundo han cambiado y en ti queda la decisión de aventajar el cambio o aferrarte a lo que ya no es. Todos tenemos una historia personal relacionada con dinero de la que podemos aprender si decidimos aprovechar las experiencias vividas como una materia prima en lugar de culpar a la vida o a los demás de lo que nos pasó.

¿A qué te comprometes?

☐ Me aseguraré de dejar un legado constructivo a los que vendrán después de mí.

☐ Romperé con las tradiciones limitantes que he asumido por tradición o herencia.

☐ Tomaré lo mejor de mi experiencia de vida para hacerme de un mejor futuro.

¿Cómo llevarás tus compromisos a la práctica?

1_

2_

3_

MODIFICAR TU REALIDAD
Asume tu responsabilidad

¿De quién crees que depende tu bienestar?

Es cierto que no todos los que quieren mejorar mejoran, pero los que sí lo hacen comenzaron asumiendo la responsabilidad que tenían sobre su situación y no depositaron su destino en un tercero. Esto es lo que he visto en la práctica. El que está insatisfecho con su trabajo dice que los que deben cambiar son los jefes, el que no gana lo que quiere responsabiliza a la crisis económica, el que acostumbra quedarse cada quincena en ceros dice que el dinero no le alcanza porque no ha recibido aumento de sueldo, los ciudadanos inconformes dicen que es culpa del gobierno, los desempleados que es la indiferencia de los empleadores, los deudores que son los bancos, los creyentes dicen que es obra de Dios y no dejan de aventar la bolita, como si estuviéramos jugando a la papa caliente.

El secreto para mejorar tu economía y hacer que tus sueños se vuelvan realidad está en tus manos, no en las del presidente, tus padres o tu jefe, ni en la suerte o en la resolución positiva de la crisis nacional. Señalar a un tercero como el responsable de hacer que se cumplan tus deseos no resolverá nada. Cada uno lleva su propia agenda y la mayor parte del tiempo está pensando en cómo lidiar con sus asuntos, como deberías hacerlo tú también. Obtener un nuevo empleo no debería depender de la benevolencia de un posible empleador sino de lo que hagas para actualizarte y convertirte en el mejor candidato. Recibir una promoción no debería ser un asunto de reconocimiento a tu antigüedad sino de demostrar el potencial que tienes para ser el líder de un equipo. Incrementar tus ventas debería ser la consecuencia de lo que hagas para mejorar tu oferta y no del optimismo de tus clientes. Tener más dinero disponible no debería depender de un descenso inesperado de los precios en el mercado sino de controlar tu forma de gastar. Si hay algo que quieres modificar en tu economía, deberás asumir tu responsabilidad. Si puedes imaginar un mejor futuro, forjarlo dependerá de ti.

Si hoy estás preocupado porque te das cuenta de lo difícil que es hacer que el dinero te rinda como quieres y porque tu estilo de vida todavía dista mucho de tu ideal, pero no asumes la responsabilidad de hacer algo para que tu historia sea diferente, los días seguirán pasando. Quedarte de brazos cruzados argumentando porqué tu jefe debe darte un aumento o porqué tus clientes deben aceptar ciegamente tu propuesta, no hará que mejore tu situación.

Una amiga mía vivía en un departamento. Cada jueves, un vecino suyo organizaba una reunión con sus amigos y el ruido no la dejaba dormir. Las primeras veces que ella habló con él, amablemente le explicó que se levantaba muy temprano para ir a trabajar. El tipo se disculpaba y le prometía mantener el volumen más bajo para la siguiente ocasión, pero eso nunca sucedió. Al no poder conciliar el sueño, mi amiga se encolerizaba, daba vueltas en su cuarto y se preguntaba cómo era posible que hubiera gente así, le parecía inconcebible que una persona pudiera ser tan desentendida de las necesidades de los demás. Pero una vez que el escándalo terminaba, el enojo que mi amiga sentía le provocaba insomnio. Alguien le sugirió que comprara unos tapones para los oídos pero ¡se molestó aún más! argumentando que ella no tenía por qué gastar en un remedio, siendo que el vecino debería ser más considerado con las otras personas que habitaban el inmueble. Quizás mi amiga tenía razón, el vecino debía bajar el volumen, pero, por más válidos que fueran sus argumentos y por más razón que tuviera al quejarse, la que sufría por no dormir era ella y una posible solución estaba en sus manos.

Hablar no es lo mismo que hacer y desear no es lo mismo que obtener. Si las condiciones en tu país para conseguir un nuevo empleo son complicadas, en ti queda encontrar una solución alternativa como autoemplearte o iniciar un negocio por tu cuenta. Si el entorno en el que te desenvuelves está sobrecompetido, entonces haz algo para dar una mejor batalla y, si hoy sientes que el dinero no te alcanza, no pierdas tiempo buscando culpables, mejor preocúpate por desarrollar tu inteligencia financiera y aprende a administrar sensatamente tus recursos. Si no sabes cómo sacar provecho de tus circunstancias encuentra una manera; si no conoces a las personas adecuadas búscalas y, si no tienes tiempo para todo esto, ¡prográmalo! A muchos nos gustaría que la vida fuera más fácil; o más parecida a como la hemos pensado, pero mientras no lo sea, será responsabilidad de cada uno convertir las dificultades en una oportunidad de aprendizaje para ser mejor.

Si te sientes frustrado porque la vida no está siendo como tú la quieres, enfoca tu enojo para crecer. Si a tu casa se la puede llevar el viento, entonces construye una casa más fuerte. Comienza a hacer cosas que no hayas hecho antes y date la oportunidad de aprender. No siempre las cosas se darán exactamente iguales a como las has pensado, pero si no dejas de sembrar, tampoco dejarás de cosechar, tarde o temprano. Haz tu parte y deja que la vida haga la suya, concéntrate en lo que te toca y permite que los eventos se encadenen en un curso natural. Por más complicada que esté tu situación, no dejes de avanzar. Si te concentras sólo en lo exterior y te olvidas de verte a ti mismo y descubrir tu papel, correrás el riesgo de depositar en un tercero, no sólo tu destino, sino tu bienestar.

Supérate

¿Qué fue lo último que aprendiste de dinero?

Mejorar tu economía comienza con incrementar tu capacidad. Ocuparte de manera regular en tu superación y en el desarrollo de tu inteligencia financiera te ayudará a comprender los problemas de dinero desde perspectivas cada vez más amplias y, además, te dotará de recursos que podrás aprovechar para encontrar soluciones más efectivas cuando así lo necesites.

He conocido personas que piensan que pagar un curso, asistir a un seminario, comprar un libro o tomar una terapia son un lujo no justificado en el presupuesto o en la agenda y muchos, dejan su desarrollo personal hasta el final de la lista de prioridades con el pretexto de no tener tiempo ni dinero para atender algo más que no sea "lo verdaderamente urgente". Si eres tú uno de ellos, te digo que no podrás aspirar a mejores horizontes ni modificar tu economía si no tomas tu desarrollo como una prioridad, si no inviertes en tu superación y si no te haces del tiempo necesario para aprender. Si quieres construir catedrales, aprende cómo se construye una, si quieres volar aviones, aprende aviación y si quieres aprender a llevar unas finanzas saludables, aprende de dinero. Al desarrollar tu inteligencia financiera, cada nuevo aprendizaje hará que mejoren tus decisiones. Si antes las consecuencias de tus estrategias te hacían cada día más pobre, ahora podrían enriquecerte día a día un poco más. Si antes tapabas un problema para abrir dos nuevos, ahora podrías prevenirte de las dificultades del futuro. Si antes te preocupabas por cómo terminarías la quincena, ahora podrías comenzar a pensar en tu retiro.

La situación económica que cada quien vive es el resultado de lo que su capacidad le ha permitido hasta el día de hoy y, aunque el dinero no te hace una mejor persona, sí te puede ayudar a superarte si lo empleas con esa finalidad. Si inviertes en incrementar tus conocimientos, habilidades y destrezas, pronto comenzarás a ver resultados diferentes, no sólo en tu bolsillo, sino en la tranquilidad con la que vivirás tus días. Así como hay personas que son buenos administrándose por naturaleza y que parecen no tener que preocuparse nunca por dinero, hay otros buenos administradores que han aprendido en libros. Así como existen quienes pueden hacer negocios sin pensarlo y siempre tienen algo "de donde sacar", también hay otros que se han formado como emprendedores en ambientes controlados de aprendizaje que, hoy, se traduce en el éxito que obtienen.

Superarte de forma constante hará que asciendas en una espiral en la que cada nuevo fragmento de conocimiento se sumará al anterior y te dará como resultado los recursos de conocimiento y habilidad que necesitas para construir esa fuente de ingresos que te acomoda mejor y en la que puedes ser tu propio jefe, ascender de puesto hasta el nivel del organigrama que estás pensando o reventar tus ventas y engordar tu cartera de clientes. Todo esto será posible si tomas tu superación como una prioridad.

Crea para ti un mundo mejor
¿Tienes lo que se necesita para cambiar el curso que sigue tu historia?

Hay algo en nosotros que nos permite modificar nuestra realidad y crear mundos desde nuestros pensamientos. Para mejorar tu economía, habrás de desarrollar la capacidad creativa de tu mente.

Todo lo que está a tu alrededor, que no haya sido creado por la naturaleza, se pensó en algún momento y es el resultado de la capacidad creativa de la mente. Imagina esto: la tecnología que usas hoy se pensó hace años y se requirió tanto de tiempo como de trabajo para volverla tangible y manipulable. Los autos, los edificios, un platillo de receta secreta, aquel sillón donde lees un libro, ese cuadro que ves mientras escuchas tu música favorita… todo esto, en algún momento fue imaginado y después creado por alguien. ¿Crees que puedas usar este mismo poder para mejorar tu economía? ¿Para crear un mejor mundo para ti y para los tuyos? En una de sus definiciones, el pensamiento se explica como "la función psíquica que subyace a todo lo que se trae a la existencia" y, si puedes dirigir tu pensamiento, podrás crear tu realidad, no sólo internamente, sino también en el exterior. Por ejemplo, si piensas hacerte una sopa de verduras, seguramente harás cosas que te lleven a obtener como resultado eso que esperas, una sopa de verduras. Quizás vayas al mercado, selecciones vegetales, regreses a tu casa y cocines las verduras en un caldo... en ese momento tu poder creador se habrá vuelto visible. Una idea en tu cabeza habrá encontrado la forma, a través de tus acciones, de producir el resultado esperado.

Para modificar tu realidad y aspirar a algo mejor, necesitarás dominar el arte de traer a la realidad tus pensamientos. Si quieres hacer una "sopa" de mayor seguridad económica, de mejores condiciones de vida, de riqueza, de un negocio exitoso o de alimentar tu crecimiento, tus acciones deberán responder a tu intención. Es cuestión de seleccionar los ingredientes adecuados y estar moviendo la cuchara hasta que quede listo. Si tienes algo en mente, prueba, inténtalo varias veces y aprende de tus errores. Establece objetivos y discrimina las decisiones inadecuadas de las adecuadas. Si esperas como resultado una sopa de verduras pero compras fruta y manteca de cerdo, lo que obtendrás será un desastre. Si estás preocupado por tu estabilidad económica y no has desarrollado una mentalidad emprendedora, renunciar al empleo que paga por quincenas para iniciar con un negocio no te dará lo que esperas. Tener la expectativa de generar riqueza siendo dependiente de un único trabajo tampoco te lo dará y menos pretender incrementar el ahorro sin sacrificar gastos innecesarios. Para traer tus pensamientos a la realidad, tus estrategias deben adecuarse a tus intenciones y a tu mentalidad. Así les ha sucedido a los que quieren ser dueños de su tiempo y emprenden; a los que quieren incrementar sus ingresos y se esfuerzan por una promoción; a los que quieren reducir el riesgo de depender de un empleo y se hacen de fuentes de ingreso adicionales y, a los que quieren obtener mejores resultados financieros e invierten en desarrollar su inteligencia financiera. Es momento de ponerte a pensar y contestar a las siguientes preguntas:

¿Qué es lo que quieres que suceda con tu economía?

¿Cuáles son los pasos que tienes que dar para que tu intención se haga realidad?

Una vez que tengas una estrategia que soporte tus intenciones, deberás ponerla en práctica y, para asegurar el éxito en lo que te propones, deberás trabajar en los siguientes cuatro aspectos:
1. Tener determinación
2. Incrementar tu capacidad
3. Tomar acción
4. Aprovechar las oportunidades

Por ejemplo, si quieres un nuevo empleo o ganarte a un nuevo cliente (determinación), deberás implementar una estrategia que te ayude a cumplir con esa finalidad. Una vez definida, deberás desarrollar tu liderazgo y tus conocimientos técnicos (capacidad). Si recibes una llamada para ir a una entrevista (oportunidad), desplazarte hasta el lugar de la cita (acción) y desenvolverte con la actitud adecuada (aprovechamiento) pueden hacerte el candidato ideal.

La facultad de traer las ideas a la realidad varía de uno a otro y habrá quienes lo hagan con mayor o menor facilidad, en más o menos tiempo, pero éste es un poder que todo ser humano tiene desde que nace y depende de cada uno de nosotros cómo lo usemos y cuánto nos esforcemos por dominarlo. ¿Qué puedes decir de tu caso? ¿Has tenido éxito ejerciendo tu poder personal en el pasado? ¿Te crees capaz de modificar tu realidad?

Práctica 3: **Evaluación de tu capacidad para ejercer tu poder personal**
Tiempo aproximado: 10 minutos

En la columna "A" de la siguiente tabla encontrarás 12 afirmaciones que pueden reflejar tu necesidad presente. Dependiendo de tu caso, en la columna "B" deberás marcar "Sí" sólo en aquellas que sean para ti una prioridad. Responde en las otras columnas con un 0, 1 o 2, de acuerdo a lo siguiente: 0=Nada, 1=Algo, 2=Mucho.

Ejemplo:

Si para ti "aumentar tus ingresos" es una prioridad, en la columna "B" deberás marcar el Sí.

Si estás muy determinado a que suceda, en la columna "C" deberás anotar un "2".

Si no crees contar con los conocimientos suficientes para lograr tu prioridad, en la columna "D" deberás anotar un "0".

Si crees que has hecho algo para conseguir tu meta, pero no lo suficiente, en la columna "E" deberás anotar un "1".

Si crees que no has aprovechado las oportunidades que se te han presentado, en la columna "F" deberás anotar un "0".

A: Necesidad presente

B: ¿Es una prioridad?

C: ¿Qué tan determinado estás a cumplir con esta prioridad?

D: ¿Qué tan adecuados son tus conocimientos para lograrlo?

E: ¿Qué tanto has hecho lo necesario para cumplir con esta prioridad?

F: ¿Qué tanto has aprovechado las oportunidades que se te han presentado?

A	B	C	D	E	F
1. Aumentar mis ingresos	Sí				
2. Emprender un negocio por cuenta propia	Sí				
3. Tener riqueza y libertad financiera	Sí				
4. Conseguir empleo o cambiarme del actual	Sí				
5. Controlar mi forma de gastar	Sí				
6. Disminuir mis conflictos con otros por dinero	Sí				
7. Dejar de depender de otros por dinero	Sí				
8. Balancear mejor mi descanso y mi trabajo	Sí				
9. Ahorrar y asegurarme un mejor futuro	Sí				
10. Hacer dinero rápido y fácil	Sí				
11. Administrar mejor mis recursos	Sí				
12. Salir de deudas	Sí				
Total					
		Determinación	Capacidad	Acción	Aprovechamiento

Suma el puntaje total de cada columna y anótalo en la última fila de la tabla. Las columnas que tengan el menor puntaje, reflejan cuál es el pie del que cojeas actualmente para ser efectivo ejerciendo tu poder personal y, las de mayor puntaje, representan tus fortalezas. Una vez detectadas tus fortalezas y debilidades, procede a la interpretación de tus resultados. Al finalizar las descripciones, encontrarás un modelo que te ayudará a ser más efectivo aplicando tu poder personal.

A continuación, identifica cuál es tu fortaleza y cuál tu debilidad.

Mi fortaleza es (el mayor puntaje):	
Mi debilidad es (el menor puntaje):	

Debilidad en determinación

La determinación es la gasolina que te pondrá en movimiento para cumplir con lo que te propones. Podemos entenderla como un deseo ardiente, una convicción o una afirmación poderosa. Cuando la determinación para conseguir algo es fuerte, se alinearán tu pensamiento, tus emociones y tu comportamiento; una fórmula infalible para concretar tus intenciones.

Revisa el siguiente ejemplo. Una empresaria tenía una cadena de tiendas de alta costura. Ella era hija única en un rancho en Michoacán y vivía con su padre y su abuela, quien le enseñó a coser. Su destino, de acuerdo a lo que quería su padre para ella, era quedarse a cuidarlo hasta sus últimos días y ayudar en las labores domésticas y del campo. Sin embargo, a los 19 años tomó sus cosas y viajó para emprender una aventura, siguiendo su ambición de convertirse en una mujer independiente. Primero consiguió trabajo como empleada doméstica y ahorró de su sueldo. Pasados unos años, consiguió trabajo como costurera en una tienda de ropa donde perfeccionó su técnica, pero su apetito no la dejó parar ahí. Posteriormente tomó un diplomado de alta costura y abrió su primera tienda y luego, la segunda.

Casos como éste, en los que la determinación de hacer que algo suceda sin tener el conocimiento, los recursos o los métodos para lograrlo, pero que terminan como una experiencia de éxito gracias a la perseverancia de sus protagonistas, sirven de ejemplo para comprender la importancia de la determinación al querer cumplir con una intención.

Cuando careces de determinación, la consecuencia es simple: no verás tus intenciones materializarse o las verás concretarse a medias. Hacer que algo suceda, comienza con desearlo y sigue con estar decidido a provocarlo. En otras palabras, si no estás dispuesto a hacer lo necesario para modificar tus resultados financieros, no verás un desenlace diferente al que estás acostumbrado.

Para incrementar tu determinación, necesitas lo siguiente:
- Claridad de qué es lo que quieres conseguir.
- Creer que es posible y que te lo mereces.
- Decidirte a hacer lo necesario para concretar tu intención ahora y no después.
- Enfocar tu atención y energía sobre el mismo objetivo hasta verlo cumplido.

¿Puedes enunciar cinco razones que te impulsen a obtener lo que esperas? Si tus motivos no tienen peso suficiente, será fácil que tu voluntad se diluya o que seas tú mismo el que obstaculice su camino.

Debilidad en capacidad

La capacidad es la suma de tus conocimientos, habilidades y talentos. Ésta te servirá de herramienta para descubrir y crear estrategias que te ayudarán a concretar tus intenciones. Mientras mayor sea tu capacidad, mayores alternativas de acción tendrás y, mientras más especializado sea tu conocimiento, tu esfuerzo será más efectivo; tu capacidad funcionará como una palanca que elevará tus resultados hasta donde lo puedas permitir. Cualquier idea será materializable si aprendes cómo llevarla a la práctica, sólo considera que tomará su tiempo e implicará una curva de aprendizaje, con sus respectivos aciertos y fracasos.

En una ocasión, conocí a un hombre que le debía al banco. Trabajaba para una empresa y todo lo que ganaba se lo gastaba. Antes de terminar la quincena, su cuenta ya estaba en cero y eso le hacía recurrir a sus tarjetas de crédito para sobrevivir los días restantes hasta la siguiente fecha de pago. Cierto día, cansado de la frustración que le provocaba quedarse sin dinero, decidió hacer algo para cambiar sus resultados y comenzó a dedicar tiempo a leer libros de contabilidad, a asistir a cursos y a leer los artículos que publicaba una revista de finanzas personales. Pasados unos meses, no sólo logró deshacerse de su deuda, también encontró la forma de administrarse para no quedarse sin dinero, ahorró y hasta estaba pensando en salir de vacaciones.

Para este hombre, incrementar su inteligencia financiera fue el punto de partida para obtener resultados diferentes a los que estaba acostumbrado. Sin importar qué es lo que quieres, es esencial que conviertas en un hábito el incremento de tus conocimientos sobre el dinero, éste será la clave para lograr tus objetivos. Dedica al menos dos horas a la semana para acercarte a las fuentes de las cuales aprender, sean libros, artículos, una asesoría profesional, cursos o entrevistas con otras personas.

Sin los conocimientos y las habilidades necesarias, tus deseos podrían quedarse al nivel de las buenas intenciones. Si éste es tu caso, lo que puedes hacer es lo siguiente:

- Aclara con precisión qué es lo que te hace falta aprender.
- Identifica las fuentes adecuadas a las cuales acercarte.
- Establece un horario para dedicarlo al desarrollo de tu inteligencia financiera ¡y cúmplelo!
- Aplica todo lo que aprendas para afianzar tus nuevos conocimientos y para practicar tus nuevas habilidades.

¿Sabes con precisión qué es lo que te hace falta aprender hoy? ¿Sabes quiénes son las personas que te pueden enseñar? El incremento de tu capacidad y procurar tu educación financiera, es crucial para obtener lo que estás esperando.

Debilidad en acción

Cualquier cabeza necesita pies y cualquier buena intención debe aterrizarse en una actividad. Cuando quieres algo y actúas para conseguirlo, ser perseverante y mantenerte firme en tu intención te permitirá ver, tarde o temprano, resultados de lo que iniciaste; con alguien compartirás información sobre tu proyecto o encontrarás a quien quiera algo similar y, al sumarse, comenzarán a formar un equipo con una intención común.

Supongamos que quieres bajar de peso diez kilos y haces una evaluación de cómo es tu estilo de vida y observas que no tomas agua, no haces ejercicio y no comes correctamente. ¿Qué sería lo que deberías hacer para cumplir con tu propósito? Tomar más agua, hacer ejercicio y comer correctamente. Pues, por más lógica y obvia que suene la respuesta, es increíble reconocer que hay personas que operamos al revés. Hacemos nuestra evaluación y decidimos al no tomar agua, no hacer ejercicio y no comer bien, mejor no bajar de peso ¡o dejarlo para después!

Tomar acción debe ser una consecuencia natural a la determinación de que algo suceda, y de no hacerlo seremos como las personas que esperan una vida de abundancia pero se quedan de brazos cruzados sollozando sus malestares; nada sucederá si no tomas acción. Si no sabes por dónde comenzar, ¡empieza por donde sea! Pues una actividad seguramente derivará en otra y eventualmente se aclarará el camino que deberás seguir.

Para ser efectivo al tomar acción, considera lo siguiente:
- Teniendo claro tu objetivo, define metas realistas, inmediatas y alcanzables.
- Planea lo que vas a hacer y piensa antes de actuar.

- Define fechas y acciones en un calendario o en una agenda.
- Identifica con anticipación lo que debe pasar para estar seguro que vas en el camino correcto.

¿Sabes cuál es la ruta que debes seguir para obtener lo que deseas? ¿Cuántas de tus intenciones no se han concretado por no haber hecho nada para provocarlo? Ser perseverante es mantenerse firme en una intención hasta ver completado el objetivo y eso requiere voluntad. ¿La tienes?

Debilidad en aprovechamiento

El aprovechamiento está ligado a la forma en la que tomamos las oportunidades que se nos presentan y a la manera en la que sacamos provecho de los recursos que tenemos a nuestra disposición.

Un emprendedor acababa de renunciar a su empleo para poner su propio negocio y mostraba una actitud muy positiva cuando hablaba. Era tal su nivel de ilusión de lograr una vida fantástica que dejaba pasar cualquier oportunidad que se le presentaba argumentando que vendría algo mejor, pero en poco tiempo tuvo que volver a buscar trabajo ya que se le acabaron sus ahorros.

Como éste, encontramos casos de personas que teniendo los medios para cumplir con sus objetivos, no aprovechan las oportunidades que se les presentan y se quedan con las ganas de verlo suceder.

Las oportunidades se pierden a la par que las modificaciones del tiempo y el espacio pues responden a una condición situacional que puede un día ser idónea y al siguiente no. Saber cuándo jugar las cartas requiere de una conciencia práctica y expandida, en el sentido de considerar los beneficios inmediatos y las implicaciones que dejarán en el futuro. Es cierto que no se debe decir que sí a todo, pero de eso a "dejar pasar", por estar instalado en una actitud pasiva o despreocupada, hay una diferencia sustancial.

Para ser capaz de detectar oportunidades y aprovechar efectivamente las que se te presentan, debes reunir los siguientes requisitos:

- Claridad de adónde quieres ir.
- Un parámetro para saber qué es lo que te conviene y qué no, en función de lo que esperas obtener.
- Medios efectivos para rechazar las decisiones que te alejan de lo que quieres.
- Tener en mente las 24 horas del día y los 365 días del año lo que quieres, así será más fácil detectar oportunidades que, de tomarlas, te acercarán a tu objetivo.

¿Serías capaz de reconocer cuáles son las oportunidades que te convienen y cuáles no? ¿Qué te orienta a tomar tus decisiones? Para tomar las oportunidades primero hay que reconocerlas y esto sucede cuando sabes qué es lo que quieres para ti. De no contar con un parámetro que te diga qué vale la pena y qué no, puedes terminar aceptando la que sea, o no aceptando nada en absoluto. Si vas por el mundo sin saber a qué le tiras, es momento de empezar a discriminar, al menos, cuál es el desenlace con el que no quieres enfrentarte en el futuro.

A continuación encontrarás un modelo que te ayudará a acomodar tus ideas para manifestar tu poder personal. Puedes utilizar alguna de las prioridades que marcaste al inicio del ejercicio, o concentrarte en una nueva. Utiliza este modelo cada vez que lo creas necesario mientras adquieres la experiencia de conjugar los cuatro elementos sin tener que pensarlo: determinación, capacidad, acción y aprovechamiento.

Modelo de aplicación de tu poder personal

Determinación	Lo que quiero es:	Las tres razones por las que quiero que suceda ahora son: 1_ 2_ 3_
Acción y aprovechamiento	Las acciones más importantes que debo emprender son:	Lo que me hace falta para que esta idea se concrete es:
Capacidad o conocimientos	Las capacidades que necesito desarrollar son:	Las personas que saben lo que necesito aprender son:

• RESUMEN PARA TU EXPERIENCIA •

Es importante que te des cuenta de que la solución a tus conflictos y a los de tu entorno está en ti y no en los demás. Modificar tu historia dependerá en una parte de la efectividad de tus estrategias, que funcionarán mejor si van de acuerdo a tu forma de ser. Tu superación económica no debe estar peleada con tu desarrollo personal, sino ser una especie de espiral, tener mejores resultados financieros te servirá para alimentar tu crecimiento interno y crecer internamente te ayudará a mejorar tus condiciones económicas. Por otra parte, cumplir tus objetivos dependerá de tu capacidad para ejercer tu poder personal que se compone de: determinación, capacidad, acción y aprovechamiento.

¿A qué te comprometes?

☐ Asumiré la responsabilidad que tengo sobre mis resultados financieros, dejaré de culpar a otros por lo que me pasa.

☐ Aprovecharé el dinero para alimentar mi crecimiento personal y viceversa.

☐ Me comprometeré a hacer lo necesario para incrementar mi poder personal, ya sea ser más determinado, incrementar mi capacidad, tomar acción o aprovechar mejor mis oportunidades.

¿Cómo llevarás tus compromisos a la práctica?

1_

2_

3_

ALCANZAR UN ESTADO DE REALIZACIÓN MENTAL Y FINANCIERA

Busca las mejores experiencias con el menor impacto en tu economía

¿De qué crees que depende tu felicidad?

La felicidad de una persona no depende estrictamente del dinero. Si consideramos los diferentes escenarios de los que se compone la vida, encontraremos que nuestro bienestar no se basa únicamente en nuestra solvencia económica, sino que está determinado por lo que sucede en otros universos más trascendentales como la familia, la pareja o el desarrollo personal. Un incremento en tu nivel de ingresos, o ganarte un premio de lotería, podría darte una experiencia de verdadera satisfacción, pero este evento por sí mismo no hará que se incremente tu salud, que se resuelvan los conflictos que tienes con los demás, tampoco hará que te conviertas en una mejor persona, que adquieras mayor conciencia o que crezcas espiritualmente.

Recuerdo a la primera jefa que tuve cuando comencé a trabajar. Ella tenía un ánimo entusiasta y fue una mujer muy capaz. Cuando traía algo entre manos no descansaba hasta lograr lo que se proponía y, según me decía, su actitud en el trabajo le había ganado escalar posiciones hasta llegar a ser gerente. En alguna ocasión me confesó que aunque le gustaba su trabajo y que además se sentía estimulada por los retos que éste le planteaba, en realidad sus aspiraciones iban más allá de una buena posición y un buen sueldo. El último año que trabajé con ella tenía planes para casarse, irse a vivir a otra ciudad y comenzar de cero. La empresa, preocupada por no dejarla ir, le ofreció un incremento y una promoción, pero su interés por formar una familia y comenzar una vida en pareja fueron más fuertes que la propuesta, así que la rechazó.

En algún momento te habrás visto en la posición de tener que decidir entre un camino de satisfacciones personales y uno de éxitos económicos, entre estar presente en una fecha especial para tu familia o asistir a una junta de trabajo importante, entre dedicar el día a un pasatiempo o a tu desarrollo profesional. Tenemos una cantidad limitada de energía que utilizamos física, mental y emocionalmente y los temas de dinero se pueden volver un consumidor tan demandante en la vida que podríamos no tener tiempo ni espacio para atender asuntos personales. Pero al revés, sucede lo mismo, cuando por alguna razón nos vemos en la necesidad de solucionar un problema personal como salir de una enfermedad o resolver un conflicto, podríamos descuidar nuestro trabajo y dejar los asuntos de dinero en segundo plano.

¿Cuál es tu prioridad hoy en día? Lo económico o lo personal. ¿De qué lado pesa más tu balanza hoy? ¿Cuánta energía dedicas a los asuntos relacionados con dinero y cuánta a tu vida personal? Crecer personal y económicamente es necesario para mejorar y algunas veces deberás enfocar tu energía en un sentido más que en otro, pero pensemos en algunos cuestionamientos. ¿Porqué la superación económica debería estar peleada con el crecimiento personal o espiritual? ¿No sería mejor que uno complementara al otro? ¿Por qué tener que decidir entre uno de los dos extremos? ¿Por qué tener que olvidarnos del dinero para crecer internamente o abandonar nuestra vida personal para superarnos económicamente?

¿Qué te orienta a tomar decisiones? El ahorro o tu satisfacción personal. Las psicofinanzas nos plantean una posibilidad más integral: Obtener las mejores experiencias y, al mismo tiempo, los mejores rendimientos de nuestro dinero. Cada gasto que haces tiene un desenlace en dos sentidos:

a) La experiencia que te deja y
b) El impacto que genera dicho gasto a nivel de tu economía.

Si tomas ambos desenlaces como parámetros que te sirven para diferenciar las buenas de las malas decisiones, podrás obtener experiencias satisfactorias y, también, cuidar de tu bolsillo. Una "buena experiencia" es aquella que te produce satisfacción y nutre o alimenta a tu alma en algún sentido y, un buen resultado financiero es aquél que te permite obtener un mejor rendimiento de tu dinero.

Recuerda el último gasto que hayas hecho y piensa cuál fue el desenlace que obtuviste. Dependiendo de tu respuesta, deberás elegir una de las siguientes posibilidades:

a. Una mala experiencia y un impacto negativo en tus finanzas.
b. Una buena experiencia y un impacto negativo en tus finanzas.

c. Una mala experiencia y un impacto positivo en tus finanzas.

d. Una buena experiencia y un impacto positivo en tus finanzas.

Una mala experiencia y un impacto negativo en tus finanzas

Ejemplos: Cuando la cuenta de restaurante que pagas para celebrar una comida de cumpleaños con personas que no son de tu agrado es alta. Si pagas la entrada a un espectáculo que no es de tu interés o compras unos zapatos caros que te quedan ajustados. En estos casos, tu decisión no va en la línea de adquirir realización mental y financiera al mismo tiempo.

Una mala experiencia y un impacto positivo en tus finanzas.

Ejemplos: Si por ahorrarte unos centavos adquieres algo más barato, pero de menor calidad y que luego te representa problemas. En este cuadrante también se ubican los pagos por obligación de los que no ves beneficios directos o el pagar tu entrada al cine para ver una película mala. Aunque la experiencia en estos casos, proviene de resultados inesperados, no significa que no puedas aprender de lo sucedido y prevenirte para otra situación similar que puede presentarse en el futuro.

Una buena experiencia y un impacto negativo en tus finanzas.

Ejemplos: Cuando teniendo un presupuesto limitado, de todos modos decides darte un gusto; si te haces de algún bien costoso pero que "bien vale la pena" o si para evitar un problema mayor, prefieres de una vez desembolsar una fuerte cantidad.

> **Una buena experiencia y un impacto positivo en tus finanzas.**
>
> Ejemplos: ¡Eureka! "Gastos inteligentes". Vacaciones planeadas con suficiente anticipación para obtener descuentos, gastos que se hacen poco a poco con base en un presupuesto para adquirir un bien mayor o comprar un libro para tu desarrollo personal. En este tipo de desenlaces se cumple el principio de: "buenas experiencias y maximización de los recursos".

Si te ves a ti mismo, ¿cuál es el desenlace que normalmente obtienes de tus decisiones? ¿Qué tan balanceada está la satisfacción que obtienes en comparación con la salud que has procurado de tus finanzas? Hacer algo por desarrollar tu inteligencia financiera, como lo estás haciendo ahora, puede ser el origen de obtener mejores rendimientos de tu dinero, y a la vez, de la acumulación en tu memoria de buenas experiencias.

La felicidad y la realización personal requieren de mucho más que de una cuenta bancaria con muchos ceros. Nuestras decisiones no deben basarse exclusivamente en cuestiones monetarias ya que, en la mayoría de los casos, sólo obtendríamos beneficios en el aspecto económico y no en el personal. Gozar de experiencias que te causen placer, cumplir tus propósitos personales, sentir pasión por lo que haces, y vivir en un estado de armonía interna, son cuatro elementos que influyen en el grado de plenitud con el que vives y van más allá de un asunto meramente financiero. A continuación revisaremos cada uno.

Goza de experiencias que te causen placer

¿Qué tanto te ocupas de sentirte bien?

El placer es una experiencia corporal individual, está relacionado con la bioquímica del cerebro y se presenta cuando algo nos hace sentir bien o cuando se satisfacen nuestras necesidades, desde las más básicas, hasta las más complejas y elaboradas. En ciertas condiciones, el cerebro es capaz de liberar endorfinas, sustancia que nos hace experimentar estados de alegría; catalogada como la hormona de la felicidad. Se libera cuando una persona ha estado dedicada durante algún tiempo, fluida y naturalmente, a una misma actividad para la que tiene capacidad y talento o cuando algo la hace sentir bien. Una buena comida, reír, una buena conversación, el sexo, correr, un trabajo estimulante y las buenas noticias, por ejemplo, son experiencias capaces de liberar endorfinas y darnos experiencias de placer.

Dependiendo del grado de placer que algo te pueda provocar, puedes obtener satisfacciones que van de leves a intensas. Puedes sentir gusto por lo que haces, pero también puedes estar tan concentrado en algo, que te haga escapar de la realidad y hasta vivir una experiencia de éxtasis. Hay de placeres a placeres, los hay físicos, intelectuales, emocionales, lúdicos o espirituales y, dependiendo de su duración e impacto, pueden ser fugaces o duraderos, efímeros o culminantes.

El dinero le da poder adquisitivo a una persona, es decir, le sirve como medio para hacerse de experiencias que le causan placer. Un chocolate satisface el sentido del gusto, ver una película o una exposición de arte satisface a la vista, la música satisface a los oídos, un perfume satisface al olfato y un suéter de tela suave satisface al tacto. Aunque para gozar de un placer no siempre se necesita dinero, éste no deja de ser un buen medio para obtener satisfacciones. Tan es así que la persona que usa su dinero sólo para sobrevivir o para pagar sus deudas, puede llevar una vida más amarga que quien aprovecha sus recursos, por pocos que sean, para hacer su vida más placentera.

La obtención de placer figura como uno de los aspectos más básicos de la felicidad, es decir, como un ingrediente necesario para ser feliz, pero se debe tener cuidado de no sustituir con placeres momentáneos necesidades que son más profundas y significativas. Probar un chocolate puede darte placer pero, tan pronto se deslice por la garganta, la experiencia concluirá. Comprar un par de zapatos puede hacerte sentir bien durante el tiempo que te sirvan pero, eventualmente, este placer se extinguirá. Hay personas que pretenden llenar sus vacíos existenciales comprando cosas que no necesitan y que, al corto plazo, dejan de tener el efecto reparador que tuvieron al inicio. Pero el problema no es darnos gustos, de hecho es una práctica que muchos recomendamos que se ejerza de manera regular, si no permitir que nuestro bienestar dependa de una compra y creer que el placer se ha confinado a las tiendas de autoservicio y a los centros comerciales. ¿Cuándo fue la última vez que gozaste de una conversación con las personas que más quieres? ¿Cuándo fue la última vez que disfrutaste de un paisaje o de un atardecer? ¿Cuándo fue la última vez que te detuviste a respirar profundamente? Experimentar el placer de estrenar algo puede darte algo de felicidad, pero asociar tu realización al sonido de la campana de una caja registradora es caer en condicionamientos que no te darán más que una probada de la plenitud que podrías experimentar si comenzaras a darte placeres de mayor significado. Para algunas personas, por ejemplo las que procuran su desarrollo espiritual, el consumo de bienes materiales deja de ser la fuente prioritaria de satisfacción, y la encuentran en otra parte: en el contacto con lo superior o con su interior, hallan ahí la fuente predilecta de experiencias numinosas y de gran satisfacción. Para ellos, gastar en placeres fugaces pierde importancia cuando lo comparan con las experiencias que viven en el canto, el yoga o la meditación.

Esto no quiere decir que ahora debas buscar un camino espiritual para desentenderte de los asuntos de dinero, eso es una decisión personal, pero sí puedes preguntarte si los significados que tiene para ti la vida te ayudan a sentirte bien. Además del desarrollo espiritual, también puedes encontrarle gusto a leer y a aprender algo nuevo, superarte a ti mismo, reír más, hacer algo para mejorar cada día tus relaciones con otros, compartir tiempo de calidad con las personas que te importan o encontrar un pasatiempo que te satisfaga. Vive más, preocúpate menos. Es cierto, no debes descuidar tu futuro, pero tampoco dejar que los asuntos relacionados con dinero te impidan vivir un presente ameno. Al final del día no te llevarás más que memorias, así que vale la pena preguntarte cuáles son las memorias que te quieres llevar.

Cumple con tus propósitos

¿A quién le sirve el producto de nuestro esfuerzo?

¿A quién le sirve hoy nuestro dinero? Las historias mitológicas que se cuentan de nuestro pasado nos sugieren que cuando éramos muy jóvenes como humanidad el mundo estaba lleno de sentido. El fruto de nuestro esfuerzo era ofrecido a los dioses, a un propósito superior y trabajábamos por un mismo fin: satisfacer a las fuerzas del más allá. Pero un día, los dioses nos dejaron, y perdimos el sentido de para qué hacer lo que estábamos haciendo. No hay nada más intolerante para el alma que una vida sin sentido. Cuando tus acciones tienen una razón de ser, cuando el uso que le das a tu dinero cumple con tu propósito, el ciclo se completa y viene la experiencia con sentido de estar haciendo "lo que debe hacerse".

En un escenario ideal, el dinero debería ser una extensión de tu voluntad, una herramienta que te sirviera para realizar tus sueños, atender tus necesidades o cumplir con tus deseos. Cuando tienes algo en mente, el dinero te ayuda a convertir en realidad lo que hay en tus pensamientos. Valoramos el dinero por las posibilidades que nos otorga, por el poder que pone en nuestras manos para hacer con nuestra vida lo que nos place, pero si no sabemos con claridad para qué ganarlo, terminará sirviendo a la voluntad de los demás y no a la propia. ¿Cómo es tu caso?, ¿tienes un propósito al que sirve tu dinero? Que a los hijos no les falte nada, por ejemplo, es un propósito que orientará al padre de familia a aprovechar su energía vital para obtener ingresos y a destinar el fruto de su esfuerzo (dinero) a cumplir con este fin. Al conseguirlo, cerrará el ciclo y se deleitará al saber que está haciendo lo que para él es correcto. En este caso, el individuo cumplirá con su propósito, dirigiendo voluntariamente su energía y, su esfuerzo, tomará sentido.

Pero no en todos los casos sucede así. Hay personas que padecen de consumismo, y sin darse cuenta, su dinero termina sirviendo para cumplir con la apetencia de terceros. Cuando no le hemos asignado a nuestros recursos un destino, cuando no tenemos un sentido sobre el que se basen nuestras decisiones, cualquier compra será buena y cualquier gasto llenará momentáneamente ese vacío. Imagínate un capitán de barco en medio del océano, sin tierra a la vista, que decide el rumbo a seguir por su estado de ánimo; tarde o temprano terminará perdido y sin esperanzas de llegar a algún lugar. Ahora imagina que tú eres ese capitán, que tus finanzas son tu barco y tu vida las experiencias que te dejan navegar. ¿Qué sería de tu viaje si no tuvieras un propósito al cual seguir? Quizás te encontrarías con aventuras inesperadas y refrescantes, pero también podrías terminar con experiencias desabridas.

Existen quienes, al carecer de un propósito, terminan creyendo que ganar dinero es el objetivo final de su existencia. En mi experiencia de trabajo en corporativos, durante unos años tuve la oportunidad de entrevistar a candidatos que participaban en procesos de selección para ocupar alguna posición. Por absurdo y obvio que parecía, preguntaba a los entrevistados para qué buscaban trabajo con el afán de conocerlos por medio de sus propósitos, pero la respuesta que muchas veces recibía era: "porque necesito dinero, por eso tengo que trabajar". Así que mi segunda pregunta tenía que ser: "¿para qué?". Lo mismo me sucedía con empresarios que pretendían incrementar sus ventas, pero carecían de una razón de peso para hacerlo; el resultado, a la corta, era el derrumbe de la motivación para emprender.

Un propósito claro te ayudará a darle sentido a tu existencia, te dará un parámetro para decidir tu actuar y podrás encontrar la motivación que necesitas para llegar adonde quieres. Dependiendo de la orientación que tengan y de su alcance, algunos propósitos tendrán la intención de favorecerte sólo a ti y otros se encaminarán a beneficiar también a los demás. Los primeros se convierten en objetivos individuales, los segundos en sociales o altruistas. De acuerdo a su alcance pueden servir a la resolución de necesidades inmediatas o formular líneas de acción que perduren en el tiempo. De acuerdo a su clase, podemos obtener los siguientes propósitos:

a) Individuales y de corto alcance: Propósitos para cumplir con necesidades personales inmediatas y momentáneas.

Pagar la renta, la comida del mes, el seguro del auto, cambiar de coche, tomar vacaciones, salir de viaje, entrar a un trabajo para ganar dinero, cumplir con un deseo o antojo, comprar ropa de última moda, etc.

b) Colectivos y de corto alcance: Propósitos que pretenden soportar a otros en sus necesidades inmediatas, buenas acciones y generosidad.

Llevar a los hijos al cine o al teatro, prestar dinero a un amigo o familiar que lo necesite, regalar la ropa que ya no se usa, dar una limosna, hacer un trabajo desinteresado, ser un oído para los que lo necesitan, dar consejos, presidir una asociación de colonos, etc.

c) Individuales y de largo alcance: Propósitos relacionados a la misión en la vida, la vocación o el futuro.

Estudiar una licenciatura o maestría, desarrollar una carrera profesional, vivir como un individuo independiente de los padres, casarse y formar una familia, poner un negocio propio, comprar una casa y hacerse de un patrimonio, ahorrar para el retiro, etc.

d) Colectivos y de largo alcance: Propósitos que trascienden y marcan la historia de muchas personas.

Dar clases, fundar una escuela o institución, inventar algo que contribuya a una industria o a la ciencia, aportar nuevas conclusiones a algún área de conocimiento, hacer algo por los problemas de tu país, representar una causa, dirigir una corporación, proveer ayuda humanitaria, contribuir al desarrollo de una comunidad, mitigar el dolor de los que sufren, proveer a los hijos de una buena educación, etc.

Estos y más son ejemplos en los que subyace una motivación personal, que debería estimular al que la tiene a cerrar la brecha entre sus deseos y su satisfacción, poniéndolo en movimiento, haciéndolo trabajar. Los propósitos son impulsos para tu crecimiento, te ayudan a superarte y le dan razón a tu actividad.

Encuentra pasión en tu trabajo

¿Tu trabajo te ayuda a cumplir con tus fines?

¿Qué tan satisfecho estás con tu trabajo actual? Para muchas personas el objetivo final de un trabajo es ganar dinero, pero también puede convertirse en una fuente de experiencias enriquecedoras. En el mundo que conocemos, el trabajo es una característica tan fundamental a nuestra existencia que desde pequeños fantaseamos con lo que queremos ser cuando seamos grandes. A tal grado llegan sus implicaciones para nuestra vida que algunos psicólogos y filósofos han definido al trabajo como la actividad mediante la cual una persona puede realizarse, dejando un legado a la posteridad y aprovechando los retos que se le presentan para desarrollar al máximo sus potencialidades.

El trabajo nos da algo más: el placer de estar concentrados en algo, como sucede al pasar horas creando un reporte que servirá para tomar decisiones, pintando un cuadro que servirá para adornar una pared, escribiendo un texto que ayudará a otro a reflexionar sobre su vida, desarrollando un producto que abastecerá a una cadena de producción o impartiendo una charla que enseñará algo nuevo a quien la escuche. Esta experiencia, laboriosamente entretenida, que es tanto mental como emocional y física, nos brinda la oportunidad de obtener la satisfacción de "hacer". Una persona que siente gusto por lo que desempeña, puede perder la noción del tiempo. Para ella, las horas se convierten en minutos y no hay necesidad de esforzarse para mantenerse concentrada. En estos casos, el trabajo no se vive como una carga sino como una actividad casi lúdica, cuyo cumplimiento estimula, al que la realiza, a enfocar su atención y energía en aquello que le produce placer. Un trabajo a tu medida puede darte la experiencia y sensación de vivir fuera de la realidad y de la monotonía diaria, ¡aunque estés haciendo lo mismo de siempre! ¿Te ha pasado que, además de perder la noción del tiempo, el trabajo "sale de ti" independientemente de tu esfuerzo? Es decir, como el orador que de pronto ya no tiene que pensar antes de hablar sino que sólo atestigua cómo se mueve su boca involuntariamente mientras las palabras se encadenan una a otra por sí mismas.

Pero no todos entendemos así al trabajo. Recuerdo que el padre de un amigo decía que el trabajo se llamaba de esa manera porque efectivamente "costaba trabajo", y que si no fuera así se habría llamado diferente. Como a él, he conocido a personas que dicen que el trabajo no es para disfrutarlo sino que se hace para ganar dinero y que, adicionalmente, se encuentra la vida personal que es la que se puede disfrutar. También he conocido personas que literalmente aman su trabajo y que aun teniendo cuentas de banco con más de seis ceros hacia la derecha, no se imaginan una vida sin dedicarse a eso que les gusta hacer. ¿Conoces a alguna?

Vivir en plenitud y sentirse satisfecho no tiene por qué ser una condición excluyente de la vida del trabajo. ¿Te puedes ver a ti mismo dedicándote a eso en lo que sobresales de manera natural, que además te encanta hacer y que al final te deja ganancias? Independientemente de tu respuesta déjame decirte que hay muchas personas que sí y no nada más lo creen posible, sino que ¡lo están haciendo! Algunos trabajando para alguien más, otros trabajando en sus negocios. Si aquel para el que "ayudar" es prioritario, trabaja en una institución de beneficencia, el ciclo se completa. Lo mismo sucede cuando lo que más te mueve es satisfacer tu curiosidad y te dedicas a la investigación, cuando quieres ser alguien reconocido y desempeñas una posición de jerarquía alta, cuando tienes una fascinación especial por los números y te dedicas a la actuaría, cuando eres creativo y te dedicas al arte... En estos casos, tu medio (trabajo) se convierte en un fin en sí mismo. ¿Te imaginas viviendo una experiencia así?

Dedicarte a lo que te gusta, ser bueno haciéndolo y además cobrar por ello se puede lograr. Pero si éste no es tu caso, no quiere decir que todo esté perdido pues, tal como decía el padre de mi amigo, también existe la posibilidad de trabajar en algo ajeno a tu interés pero cuyo resultado sirva para cumplir con un propósito mayor, por ejemplo, cuando lo que ganas en tu empleo sirve para cubrir las necesidades de tu familia o mantener tus pasatiempos, en estos casos tu trabajo se convertirá en un medio para un fin y tu realización dependerá más de lo que hagas con el dinero y menos del tipo de actividad que desempeñes. De hecho, la mayoría de las veces una persona abarca uno y con suerte dos de los elementos. Cuando únicamente haces lo que te gusta tienes un pasatiempo, cuando sólo te dedicas a lo que te sale bien tienes un oficio y si haces algo sólo porque te pagan por ello, tienes un trabajo. Así que el reto que te propongo es el siguiente: encuentra una manera de ser cada día mejor en lo que haces, llénate de entusiasmo por hacerlo y, además, cobra por ello. Si lo logras, abrirás la puerta del camino que te ayudará a alcanzar una vida plena, de mayor realización.

Vive en un estado de armonía interna
¿Has agradecido lo suficiente últimamente?

Revisando lo visto hasta ahora sabemos que, gozar de experiencias que te producen placer, cumplir con tus propósitos y disfrutar de tu trabajo, son tres elementos indispensables para vivir con mayor plenitud, pero hay un cuarto aspecto del que depende que se multiplique tu satisfacción o que nada te sea suficiente para sentirte bien: *el agradecimiento.* Al igual que la motivación, que nadie puede dártela pues es un asunto interno y personal, sentirte agradecido por lo que recibes también es una decisión propia. ¿Cuándo fue la última vez que agradeciste auténticamente por lo que tienes?

Aunque no lo percibas, la vida no te ha dejado de dar. Quizás por una cuestión cultural, acostumbres pensar en lo que no tienes, en lo que te hace falta y en lo que tienen los demás. Los que son lacios quieren ser rizados y los rizados, lacios; los chicos quieren ser grandes y los grandes, chicos; los que viven en el sur van a trabajar al norte y los del norte van a trabajar al sur. Si el niño que va a la escuela saca ocho en español se le alentará a que ahora saque diez y, si ya sacó el diez, ahora deberá sacar otro igual en historia. La mayoría de las personas, por más dinero que ganen querrán más y los que en su trabajo han subido de puesto a jefes, buscarán la dirección. Pensar en lo que no tienes puede convertirse en un motor de impulso para superarte, en ambición, pero si la sensación de estar incompleto es lo único que figura en tus esquemas, te perderás de la oportunidad de sentirte bien con lo que tienes, demeritarás las oportunidades que la vida te da y te sentirás insatisfecho con lo que has logrado hasta hoy.

No hay que confundirnos, demostrar una actitud agradecida no quiere decir "conformarse con lo que hay", sino reconocer que, aunque no se haya dado todo lo que esperamos o de la forma en lo que lo esperamos, la vida no ha dejado de ser abundante con nosotros y eso hay que agradecerlo. Quizás no todo lo que nos ha brindado tenga la forma de dinero, pues la fortuna no se limita a su forma de papel moneda, pero si lo piensas con detenimiento, algo abundante hay en tu vida, que ha estado ahí desde hace tiempo, que se multiplica cada día y que quizás ignores porque ya lo das por hecho, porque lo pasas de largo. Piensa, ¿qué abunda en tu vida y que no has agradecido lo suficiente? El agradecimiento, cuando es auténtico, se convierte en la clave para gozar de una vida en plenitud ¡y es gratis!

Tengo un conocido que antes de comprar ropa nueva separa lo que todavía usa de lo que no ha usado en un tiempo. La ropa que ya no necesita la lleva consigo en el auto y la regala a las personas en condiciones de necesidad que se acercan en las esquinas. En alguna ocasión lo acompañé y esto me permitió atestiguar reacciones diversas de las personas, diferentes grados de agradecimiento. Al recibir el regalo, hubo quienes sonrieron de gratitud, otros pasaron de largo y también hubo los que tomaron la ropa, pero estiraron la cara haciendo una mueca de desaprobación que expresaba "no es suficiente".

Sentirte bien, aunque tu intención sea ir por más, no está en función de lo que no tengas sino de lo que seas capaz de agradecer. Piénsalo, dejar el orgullo de lado y dejar de concentrarte en que las cosas no son como quieres puede ayudarte a estar más en paz y en mayor calma. Sé honesto, ¿qué tan agradecido te muestras con lo que la vida te ha dado últimamente?

Desde la perspectiva del agradecimiento, la felicidad no se ve como un estado de ser sino como un proceso. Al sumar pequeñas alegrías y agradecer por ellas a diario, se incrementará ese estado de plenitud en el que no habrá lugar para el inconformismo. Se ha comprobado que la emoción de gratitud incrementa la vitalidad de una persona, su energía y la calidad de su trabajo. Al practicarse de manera regular, ayuda a mejorar las relaciones, disminuye el estrés y mejora el sistema inmunológico. ¡Tanto por lo que decir gracias! y, por si fuera poco, agradecer situará a tu mente en el presente, en lo real y la alejará de los agobios del pasado y del futuro.

Por más o menos éxitos que obtengas, por más acaudalada o escasa que sea la abundancia que se presenta en tu vida, agradece siempre. Haz la prueba, durante tres semanas, antes de dormir, agradece los tres eventos más significativos que hayan sucedido en el día y observa cómo cambia tu experiencia.

A continuación encontrarás algunos ejercicios que te ayudarán a volverte consciente de las posibilidades que tienes para alcanzar un estado de realización.

Práctica 4: **Tus propósitos y el medio para cumplir con ellos**
Tiempo aproximado: 20 minutos

Responde lo siguiente:

Menciona cinco cosas por las que actualmente estás agradecido.

¿A qué te dedicarías si el dinero no fuera una limitante?

Si pudieras traer algo a la realidad instantáneamente, ¿qué sería? (Que no sea mucho dinero…)

¿Cuál sería el desenlace ideal de tu historia de vida?

Completa la siguiente tabla escribiendo tres propósitos en cada recuadro que te gustaría desarrollar.

Haz un esfuerzo por llenar los 12 espacios con la finalidad de abrir tus alternativas y no ser muy individualista o muy altruista.

Propósitos individuales y de corto alcance	Propósitos colectivos y de corto alcance
1_	1_
2_	2_
3_	3_
Propósitos individuales y de largo alcance	**Propósitos colectivos y de largo alcance**
1_	1_
2_	2_
3_	3_

Identifica, selecciona y escribe en la siguiente sección los tres que hoy consideras los más importantes en tu vida.

1_

2_

3_

Ahora selecciona una de las siguientes opciones, la que más se acerque a tu experiencia.

- Tus propósitos se cumplen en el trabajo que haces. (Tu medio es tu fin).

- Trabajas en otra cosa para cumplir adicionalmente con tus propósitos. (Tienes medios para llegar a fines).

- Trabajas por trabajar sin cumplir con tus propósitos. (Tengo medios pero no ayudan a mis fines).

En las columnas "A" y "B" encontrarás cinco diferentes afirmaciones que deberás graduar dependiendo de qué tan adecuadas creas que sean con respecto a tu experiencia, siendo 2 el valor máximo, 1 el intermedio y 0 el mínimo. Al concluir, suma la cantidad de puntos que obtuviste en cada columna y anota el total en la última fila.

A		B	
Mi trabajo me gusta, es exactamente lo que quiero hacer.	2 1 0	He estado pensando en abandonar mi trabajo.	2 1 0
Lo que gano me ayuda a cumplir con mis propósitos de vida.	2 1 0	Frecuentemente me siento fatigado, preocupado, estresado, cansado o de mal humor.	2 1 0
Mi trabajo me hace sentir que hago algo importante.	2 1 0	Tengo que soportar vivencias desagradables en mi trabajo.	2 1 0
La contribución que hago a otros gracias al resultado de mi trabajo, me llena de satisfacción.	2 1 0	Me disgusta el estilo de vida que llevo.	2 1 0
Mi trabajo actual me permite dedicarle tiempo a mi vida como quiero.	2 1 0	La exigencia de mi trabajo actual sobrepasa mi capacidad, requiere demasiado de mí.	2 1 0
Total de puntos A		Total de puntos B	

Llena la siguiente tabla con los resultados que obtuviste en cada columna y resta al puntaje de la "A" el puntaje de la "B".

Total de puntos A	(menos)	Total de puntos B	(igual)	Resultado
	-		=	

El número resultante muestra el punto de equilibrio en tu balanza, refleja si tu experiencia es positiva o negativa y captura tu momento actual.

A continuación revisaremos las interpretaciones de los casos de acuerdo a los puntajes. Recuerda que estos ejercicios no pretenden arrojar verdades últimas ni "atinarle a tu experiencia" sino plantearte un parámetro para ubicarte mejor.

Resultados de signo negativo

En este ejercicio, el número negativo significa que la insatisfacción con tu trabajo es mayor a los beneficios que puedes obtener. ¿Has pensado en hacer algo para mejorar tu experiencia? Cada quien tiene derecho a decidir sobre su vida, nadie puede decirte cuándo es tu momento de cambiar o qué es lo que debes cambiar, eso lo decidirás tú pero con el paso del tiempo y si no haces nada al respecto, podrías terminar con una vida desabrida y sin razón. Vale la pena que revises con mayor detenimiento, si es que estás insatisfecho, qué es lo que te detiene para conseguir algo mejor, o si son tus pensamientos y tus actitudes los que no te permiten disfrutar de lo que tienes. La mayoría de las veces, las limitaciones que creemos tener en nuestra vida son reflejo de las ideas que tenemos en nuestra cabeza y no la consecuencia de la realidad objetiva.

Resultados de -7 a -10

¡Vaya situación en la que estás! Inconforme con el empleo y distante de cumplir con tus propósitos. Una de dos, o estás instalado en un patrón de negatividad, que bien podría ser momentáneo, o estás en una condición que va a requerir de toda tu atención y empeño si quieres mejorar tus circunstancias. Considera que si una persona se siente inconforme y no hace nada por remediar su situación, puede portar inconscientemente una creencia de no merecer algo mejor. El que se ayuda a sí mismo, si no quiere aceptar el contexto en el que vive, intenta hacer algo con ello como cambiarlo y luego cambiará él y, si aún después de eso al final no le acomoda lo que vive, entonces decidirá cambiarse de escenario. Te recomiendo valorar mejor lo que tienes, agradecer más y, si es el caso, tomar la decisión de emprender un camino diferente que te haga sentir mejor.

Resultados de -3 a -6

Si tu resultado se ubica en este rango, refleja que estás inconforme con tu trabajo y que no estás teniendo una experiencia plena de tu vida. Si éste es tu caso, considera que algo tendrá tu empleo que te mantiene ahí, obteniendo alguna ganancia secundaria.

¿Crees que estás en una mala posición? Te sugiero observar a los que no tienen lo que tú y a los que no han logrado lo que has sido capaz de hacer. Averigua cuánto vale lo que haces, contar con un parámetro así te servirá para diferenciar si tu malestar es obra de tus ideas o si es momento de emprender un nuevo camino, sólo deberás ser consciente del lugar en el que estás pues, aunque parezca inverosímil, un mismo trabajo en dos países o empresas diferentes puede distar mucho en remuneración.

No olvides que la solución para mejorar tus resultados y tus experiencias está en tus manos. Si descubres que para sentirte mejor te hace falta cambiar tu actitud, cámbiala; si te faltan conocimientos, desarróllalos; si te falta determinación, decídete; si te falta tomar acción, muévete; y si te faltan oportunidades, ¡búscalas! Como dice el dicho, no hay peor lucha que la que no se intenta.

Resultados neutros de -2 a 2

En este caso, los resultados indican que lo bueno y lo malo de tu trabajo tienen, para ti, el mismo peso o el mismo valor. Ni las cosas buenas son tan buenas, ni las malas son tan malas; o bien, valoras mucho lo que obtienes, pero el costo personal que tienes que pagar por ello es igual de alto.

En este rango encontramos a las personas que cumplen en alguna medida su propósito pero ya están listos para lo que sigue. Sería importante considerar tu edad y tu momento de vida particular pues estos resultados aparecen cuando estás en un "trabajo trampolín", que quizás resolvió pronto tus apuros. Esta situación también se presenta en personas que han atravesado por periodos económicos difíciles y que aprovecharon lo que tenían disponible mientras se abrían a mejores oportunidades.

Un disgusto momentáneo también puede producir estos resultados, lo mismo que una inconformidad temporal que no necesariamente significa desagrado por el trabajo que se desempeña. Dicen que el que persevera alcanza y aunque existan ocasiones en las que se deben hacer cosas que no nos gustan, no olvidar la meta que se persigue y mantenerse en rumbo dará sus frutos a corto o largo plazo. Si este es tu caso, no dejes de ser perseverante ni de impulsarte para seguir forjando tu camino.

Resultados positivos

Si tu resultado final es de signo positivo, pesa más la satisfacción que obtienes al ver cumplidos tus propósitos que el costo personal que tienes que pagar para verlos concretarse. Confucio decía: "cuando amas lo que haces eso nunca será un trabajo". Si en estos momentos tienes la fortuna no sólo de disfrutar de lo que haces sino que además puedes cumplir con tus propósitos de vida, ten por seguro que estás en una posición privilegiada que muchos desearían compartir. Algunos dicen que el trabajo está hecho para vivir la vida y la vida hecha para trabajar, cuando este ciclo se completa es que la existencia toma un sentido verdadero y se logra trascender.

Resultados de 3 a 6

Cuando una persona es capaz de alinear su propósito con su trabajo, sus deseos con su actividad, decimos que va por buen camino. Todo se trata en realidad de un engranaje, de encontrar la forma de empatar lo que puedes ofrecer con lo que le sirve a los demás. Las personas que se ubican en este rango son personas que "casi están ahí", disfrutan su trabajo y éste les da la posibilidad de realizarse; aunque pareciera que algo falta, que todavía no se termina de completar.

En estos casos, la balanza pesa más del lado de la satisfacción que de la inconformidad y refleja gusto por lo que se hace, sin embargo, habrá que cuidarse de no caer en una zona de comodidad y no olvidar que siempre se podrá llegar más lejos. Los resultados pueden no ser inmediatos y se requerirá perseverancia, mucha disposición a aprender y determinación a dejar atrás las creencias que más que ayudar, estorban. Sobre todo, recuerda que la única forma de fracasar es abandonando.

Resultados de 7 a 10

La forma de ganarse la vida comprende un camino de muchas alternativas, unas que nos dejan mayor satisfacción que otras. La creencia "el trabajo no es para disfrutarse" se pone en duda al conocer casos de personas que no sólo se dedican a eso en lo que son buenos, sino que además les apasiona y les da la posibilidad de cobrar por ello.

Estos resultados son reflejo de los que han perseverado en su camino hasta ver cumplir sus sueños por hacerse una vida a su medida. En otros casos puede tratarse de personas que estando en el lugar y tiempo adecuados aprovecharon los recursos que tenían a su disposición y tomaron la oportunidad. Saber que cumples con tu propósito y disfrutar de lo que haces es reflejo de mantener una actitud propositiva ante la vida que también habla de un espíritu en alto. Esta situación te ubica en el camino de la autorrealización, un estado en el que disfrutas de ser quien eres mientras atestiguas cómo tus propósitos se cumplen en la realidad. Felicidades.

• RESUMEN PARA TU EXPERIENCIA •

La persona que cumple sus sueños es la persona que se llena de satisfacción. El dinero no da la felicidad, aunque puede ayudar indirectamente a encontrar satisfacciones. Gozar de actividades que nos causen placer, cumplir con nuestros propósitos, disfrutar del trabajo y agradecer más, son cuatro elementos clave para que nuestra vida sea plena. Si alguno de estos falta, disminuirán las posibilidades de vivir en un estado de realización mental y financiera al mismo tiempo.

¿A qué te comprometes?

☐ Incluiré en mi esquema propósitos para ayudar a otros y propósitos para ayudarme a mí mismo.

☐ Buscaré la forma de ser mejor cada día en mi trabajo.

☐ Procuraré mostrarme más agradecido con lo que la vida me da.

¿Cómo llevarás tus compromisos a la práctica?

1_

2_

3_

SALIR DE LA VIDA EN INERCIA
No todo es dinero, ni trabajo

¿Qué tanto de tu vida has descuidado por dinero?

Parecemos estar hechos para trabajar. Es increíble reconocer la gran orientación a la productividad que reside en la especie humana. La vida de una persona representa, entre otras cosas, una vida de trabajo. Si estudiaras la biografía de alguien que vivió en pleno uso de sus facultades ¿qué porcentaje de su vida crees que habrá destinado a trabajar? (Independientemente de la cantidad de dinero que haya sido capaz de producir). Trabajar pareciera presentarse como el destino cultural para los seres humanos. No por nada en esta batalla por la supervivencia, el sueño de la mayoría de las personas en etapa productiva son las vacaciones, la libertad financiera o la oportunidad de vivir bien ocupándose menos. Sé consciente por un segundo: ¿Cuántos años tienes trabajando? ¿Qué lugar ocupa el trabajo en tus prioridades de vida? ¿Qué piensas estar haciendo el resto del año o el año que viene?

Trabajar es una parte medular de la vida como la conocemos hoy. En lo cotidiano, el condicionamiento de trabajo por dinero es una fórmula que funciona y ¿cómo no iba a funcionar?, si para vivir en esta vida es necesario y la forma de ganarlo es haciendo algo de por medio. Ganar una quincena es el resultado de dos semanas de trabajo y ganar una comisión es el resultado de reunirse con los clientes y vender. Pero si te descuidas, demasiado trabajo terminará por consumirte. Si no balanceas el tiempo que dedicas al trabajo y a tu vida personal, terminarás estresado, cansado y sin energía para algo más. Muchos de nosotros nos involucramos en rutinas aceleradas provocando que el sentido de nuestra existencia se resuma a una vida "provechosa". Condición que será promovida por la urgencia de tener dinero, multiplicarlo, acumularlo y gastarlo. Así, cuando no quede tiempo para nada más que no sea producir, la salud quedará en la lista de pendientes para la próxima semana, el tiempo con la familia en los propósitos de año nuevo, el crecimiento personal se programará para otro día y cumplir los sueños propios se dejará para después. ¿Será que por trabajo estás dejando áreas desatendidas a las que también vale la pena dedicarles tiempo?

Si para ti ganar dinero se ha convertido en lo prioritario, si el tiempo que dedicas al trabajo deja poco espacio para lo demás, podrías terminar sufriendo de un "cuadro de inercia". Un estado similar al de viajar en un tren sin freno que aumenta su velocidad. Quedar atascado en el torrente productivo te hace víctima de tu propia aceleración, con lo que corres el riesgo de desarrollar patrones de irreflexión que nublarán tu visión y te impedirán atender otros aspectos de tu vida que también son importantes. En un estado de inercia, se pierde de vista la razón por la que se trabaja y se olvidan los objetivos perseguidos. Por ejemplo, es el caso de las personas que justifican su actividad y sus decisiones recurriendo a la conocida frase "porque es mi trabajo" o "porque por eso me pagan", pero desconocen el sentido de su actividad; personas a las que se les olvida que existe una diferencia abismal entre hacer y lograr. En casos más serios, trabajar se convierte en la única actividad que da sentido a la existencia y la vida se resume a un asunto productivo. Entonces, ya no se podría disfrutar de una buena conversación o emplear el tiempo en algo que sirva para crecer personal y espiritualmente.

En una ocasión platiqué con Marta, una mujer que estaba hecha un lío. No sabía si quería seguir en su trabajo, poner un negocio o renunciar a todo para que su marido se hiciera cargo de ella. Cuando me compartió cómo era su vida, me dijo lo siguiente: "Me levanto en la mañana, abro la regadera, me visto y voy al trabajo. Estoy como máquina todo el día, luego como, salgo de la oficina, me subo al coche para andar en el tráfico y me voy a la casa. Cuando llego lavo los platos y reviso que mis hijos hayan hecho su tarea, exhausta me meto a la cama y me quedo dormida. Al día siguiente la misma y al siguiente igual". No por nada se sentía como si en su vida nada tuviera sentido y por instantes se cuestionaba si valía la pena seguir haciendo todo lo que hacía. ¡Cómo saber adónde quiere ir si está atrapada en una carrera sin final y no se da espacios para reflexionar!

Si te identificas con lo que le sucede a Marta, si intuyes que estás atrapado en tu propia inercia, te recomiendo ponerle pausa de vez en cuando a la película y frenar al caballo para detener la carreta y voltear a ver qué es lo que estás dejando atrás. Cuando hay que remar para salir adelante, no hay de otra, habrás de seguir andando, pero aún así, procura evaluar periódicamente el balance de tus acciones y no descuidar aspectos esenciales de tu vida personal. No podemos tener tiempo para todo y quizás no haya dinero que alcance, pero así como puedes organizar mejor tu agenda para que el día te rinda mejor, también puedes hacerte tiempo para otra cosa que no tenga la finalidad de producir ganancias y que nutra a tu alma y a la de los tuyos de otra forma. ¿Porqué no salir de paseo este fin de semana? ¿Porqué no salir a cenar con la persona que quieres? Estoy seguro que habrá alguien a quien no has visto hace tiempo y que le daría gusto recibir de tu parte una invitación para verse y conversar.

Pareciera que al estar alejados de nuestra humanidad nos ha dejado un mundo que valora, por encima de muchas otras cosas, el beneficio económico; y no debemos olvidar que al final de los días no nos llevaremos nada con nosotros. Sacrificar la satisfacción en la vida por la exclusiva razón de producir dinero (cuando no sirva a un propósito mayor), nos hace perder de vista las memorias que dejaremos en nosotros mismos y en los demás. Claro que para hacernos de ellas, muchas requieren dinero pero ¿serán realmente todas?

Programa una buena rutina y ¡síguela!
¿Valoras o desprecias tu rutina?

¿Te gustaría cambiar de casa cada fin de semana? A reserva de lo que puedas pensar, la rutina no es necesariamente mala, es algo natural que nos sirve para tener estabilidad. Cuando una actividad se repite invariablemente se convierte en una costumbre y las costumbres se convierten en rutinas que luego seguimos por inercia. Las personas nos hacemos de hábitos que repetimos. De hecho es natural que nuestra vida se convierta en una "vida acostumbrada" hasta que algo nos haga cambiar. Tomar cierta decisión, un accidente, una reflexión, un suceso inesperado o el impulso por mejorar tienen el poder de obligarte a reacomodar tus prioridades y a modificar la dirección que sigue tu barco. Incluso, para los que evitan a toda costa la rutina, el cambio también puede volverse rutinario.

Mentalmente esto es lo que sucede: Nuestro cerebro es capaz de automatizar secuencias de acciones para ahorrar energía mental. Este funcionamiento es natural y ciertamente de mucha utilidad, en especial cuando esperas obtener resultados continuos con un menor desgaste. Piensa en una persona que está aprendiendo a manejar. Las primeras veces tiene que estar consciente de meter la llave, pisar el embrague, cambiar la velocidad, sacar el embrague y presionar el acelerador, agarrar bien el volante y ver por los espejos para arrancar. Al principio, este ejercicio consume una gran cantidad de atención pero con el paso del tiempo, después de repetirlo muchas veces, se vuelve un procedimiento automatizado, con lo que el consumo de energía disminuye y lo que se debía hacer de manera consciente y voluntaria ahora ya no requiere ese esfuerzo, se vuelve habitual.

El estilo de vida que llevas es el resultado de una rutina. Si te sientes inconforme porque tu vida no es como la quieres, deberás definir una estrategia de cambio y apegarte a ella hasta que ésta dé sus frutos. Pero aún cuando logres salir de tus costumbres, la repetición de las nuevas actividades dará pie a otra rutina. Cuando una persona mejora su estilo de vida, lo que en realidad hace es pasar de la rutina "A" a la rutina "B", la diferencia estriba en que la nueva será más parecida a su ideal. Supongamos que cada inicio de año sufres los típicos problemas que dejan los gastos de las épocas decembrinas y estás decidido a no volver a vivir una situación igual. Has trazado un plan y te propones ahorrar algo de lo que ganas cada mes para comprar en el futuro los regalos de Navidad. Quizás los primeros meses se te olvide apartar el dinero pero con el paso del tiempo, si te esmeras en cumplir con tu intención, este comportamiento se volverá automático y ni siquiera tendrás que pensarlo, tu cerebro lo hará por ti. Si lo logras, comenzar el año con problemas ya no será parte de tu rutina y en su lugar comenzarás un nuevo ciclo con mayor tranquilidad.

La rutina no está ahí para salir de ella sino para producir resultados constantes en el tiempo. Los emprendedores y vendedores que han obtenido éxito en sus negocios, conocen la importancia de desarrollar sistemas de trabajo replicables en el tiempo para generar ventas e ingresos constantes; conocen la importancia de desarrollar rutinas con la finalidad de ganar dinero. Sin importar si trabajas por tu cuenta o si trabajas para alguien más, piensa cómo sería tu vida si desarrollaras una rutina no sólo para asegurar tus ingresos sino para superarlos cada mes. ¿Cómo sería tu vida si acumular éxitos y superarte económicamente fuera lo habitual? ¿Cuál es la rutina que convendría más a tus intereses? ¿Se parece a la que llevas actualmente?

Una persona hace un presupuesto para asignar el dinero que necesitará en el mes para atender sus compromisos. Si se apega a él se asegurará de siempre tener dinero y sabrá con anticipación cuál será el balance al finalizar el año. De la misma forma y debido a que el día sólo tiene 24 horas, podrías elaborar un "presupuesto de tiempo" que si logras convertir en una rutina, asegurarás obtener las experiencias que esperas al final del día. Si quieres convertirte en un mejor administrador, incluir tiempo en tu agenda para desarrollar tu inteligencia financiera diariamente te dará como resultado un cúmulo de conocimientos que te servirán para mejorar tu comportamiento con el dinero. En realidad, cualquier deseo podrá volverse realidad si desarrollas una rutina que te ayude a cumplir con él. Piensa, ¿qué es lo que quieres y qué es lo que debes hacer de manera regular para que esto se de? Cuando te hayas cansado de lo mismo, será cosa de planear una rutina nueva, de reprogramar el curso y caminar en esa dirección.

Dale un respiro a tu alma

¿Sabes si lo que estás haciendo hoy te está llevando a donde quieres estar mañana?

Hemos visto que las personas podemos caer en una inercia sobreproductiva que no nos permite dedicar atención a ciertos aspectos de nuestra vida personal que, aunque los descuidemos, no dejan de ser importantes. Luego hemos dicho que en lugar de despreciar la rutina que llevamos, una solución alternativa es adoptar costumbres que nos ayuden a desarrollar otras rutinas que nos acerquen a nuestros ideales. Ahora bien, para que esto sea posible, primero debes saber hacia dónde girar el timón y eso lo encontrarás cuando te des la oportunidad de estar en silencio para reflexionar.

Hoy es algo complicado abrir espacios que no sean para trabajar o producir. En la mañana hay que correr para no llegar tarde y anticiparse al tráfico, estar en la oficina es estar en el mundo del hacer y, la hora de la comida, sirve para seguir resolviendo pendientes pues no hay tiempo que perder. Haz la prueba, durante una semana registra cuánto tiempo dedicas a lo que haces, cuánto tiempo es para el trabajo, cuánto para no hacer nada, cuánto para descansar, cuánto para cultivarte o para pasarlo con las personas que te importan y rastrea si el tiempo que dedicas a procurar tu bienestar es, bajo tu criterio, suficiente.

Para salir de sus rutinas enajenadas, muchas personas cambian de aires haciendo deporte, saliendo de fiesta, de vacaciones o meditando y esto los ayuda a despejarse por un rato. Pero también hay personas que se han acostumbrado a un ritmo de vida acelerado y han perdido la conexión con su interior, mientras la relación consigo mismos se deteriora. Las personas a las que les sucede esto evitan estar solos con sus pensamientos para no experimentar el silencio incómodo que inundaría la atmósfera, (el mismo silencio que se presenta cuando se acaba de conocer a alguien y no hay nada de qué platicar). Algunos durante el día hacen lo que sea con tal de no sentirse aislados. Si van en el coche prenden el radio, se quedan dormidos viendo la televisión y no han pasado ni una hora solos cuando ya le hablaron a alguien para verse en el café o en el bar que después de un rato les traerá la cuenta. Algunos no toleran comer solos; ir al cine o salir de vacaciones sin compañía, ni pensarlo. Hablamos de las personas que pueden estar rodeadas de una o cientos de personas más y aún así sentirse solas no por otra cosa sino por haberse alejado de sí mismas; de los que se dedican a algo sin estar convencidos de quererlo hacer, de los que no saben si poner un negocio o trabajar para alguien más y de los que no logran todavía diferenciar qué es lo que les gusta de lo que les conviene. Si es tu caso, date cuenta que, no darte espacios para reflexionar sobre el camino que sigue tu vida por evitar sentirte solo, te hará seguir de largo.

Asociamos el dinero a nuestras motivaciones conscientes e inconscientes, a nuestras necesidades, hay personas que lo ven como un medio de supervivencia y otros como un trofeo, pero también hay quienes lo utilizan como un medio para sentirse acompañados y evitar esos momentos de reflexión que serían importantes para modificar el curso de su historia. La persona que huye de sí misma ve en el dinero el medio que, en lugar de servirle para construir, le sirve para tener algo en lo cual preocuparse y de lo cual asirse, ya sea ganándolo o gastándolo. Están los que usan de pretexto "tener que ganar dinero" para mantener su mente ocupada, activa y alejada de su soledad. También están los que usan el pretexto del "café", la "comida" o la "cerveza" para sentirse acompañados por un rato, los que desarrollan comportamientos compulsivos de compra y los que hacen un ritual de la visita al centro comercial.

¿Cómo es en tu caso? ¿Será que utilizas el dinero para evitar sentirte solo? Si reconoces que así es, te estás dando cuenta de que estás desconectado de ti mismo y seguro querrás recuperarte. Imagina que eres una persona diferente con la que quieres fomentar una amistad o algo más. Llévate a comer o prepárate una cena y aprovecha el tiempo para pensar en lo que está sucediendo hoy con tu vida; háblate al espejo; ten conversaciones auténticas en tu interior o escríbete cartas para reflexionar sobre el desenlace que esperas en el futuro. No importa si usas tu dinero en procurar tu relación, incluso si realizas las mismas actividades que acostumbras pues la diferencia estará en la razón de por qué lo haces ahora. ¿Lo puedes ver? La relación con uno mismo, la última compañía, se procura en el silencio, con una mirada interior y la solución para una vida enajenada radica en adquirir consciencia.

A pesar de tu ritmo diario, te sugiero procurar espacios frecuentes para estar en silencio y originar la reflexión. Tiempo no para ver la televisión, escuchar el radio o estar con cualquiera que llene tu vacío, sino de estar en contacto contigo mismo, con lo placentero y doloroso de tu compañía. Es en el silencio donde encuentras las grandes respuestas a las grandes preguntas y el propósito aflora en el mutismo de tus pensamientos. Las mejores decisiones se toman con la mejor información y, en cuanto a ti se refiere, el contacto con tu interior es el acervo principal. ¿Cuándo fue la última vez que te preguntaste lo que querías para ti?, ¿cuándo fue la última que pensaste si lo que estás haciendo hoy te va a llevar adonde quieres estar mañana?

Con la intención de darle un respiro a tu alma, haremos un ejercicio que te ayudará a darte una pausa de la vida en inercia y a esclarecer tus prioridades. Será momento de saber qué tanto has apostado por lo que es importante para ti y cuánto has dejado en el cajón.

Práctica 5: **Una pausa a la inercia**
Tiempo aproximado: 20 minutos

A continuación encontrarás una lista de categorías que representan diferentes escenarios que podrían ser importantes para ti.

Categorías:

a. Familia: Papás, hijos, hermanos, primos, esposo, esposa. Calidad de la relación, vínculo, lazos, frecuencia de contacto.

b. Pareja: Relación con la pareja, ausencia o abundancia de parejas, tu alma gemela, la compañía, relaciones casuales o formales, amigos con derechos, *free*, salidas, citas.

c. Diversión: Hacer las cosas que te gustan, divertirte, reír, entretenerte, tiempo dedicado al esparcimiento.

d. Económico: La situación financiera, el dinero que ganas, la tranquilidad o angustia que genera este tema en tu vida.

e. Social: El grupo de amigos, conocer gente nueva, ampliar los círculos, gente que te hace bien, crecer con otros, mantener y fomentar relaciones.

f. Profesional: Tu carrera profesional, el trabajo que desempeñas, los retos que enfrentas, estudios, especialidades.

g. Salud: Tu salud física, emocional y mental. Enfermedades, sentirte bien conmigo mismo, estar sano y con energía, fuerte y con vitalidad.

h. Espiritual: Contacto con tu ser interno y contigo mismo, tu relación con algo más grande, el desarrollo de tu conciencia, el propósito de vida, Dios.

i. Autorrealización: Sentirte realizado, pleno, llegar a la cima, vivir la mejor versión de ti mismo, prepararte como persona, hacer lo que quieres y sentirte bien con ello, trascender, escalar la montaña.

j. Seguridad en el futuro: Lo que esperas del futuro, sentirte respaldado, saber que si pasa algo estarás protegido, tener confianza en ti mismo, tomar decisiones adecuadas.

De cada una de estas categorías haremos una evaluación para conocer qué tanto las valoras, qué tan satisfecho te sientes con ellas y qué tanto tiempo, recursos y energía les dedicas.

En la columna "A", evaluarás qué tanto valor tiene esa categoría para ti utilizando la numeración del 1 al 3, siendo 3 la máxima calificación. Por ejemplo, si la familia es muy importante para ti, deberás marcar el recuadro que tiene el número 3, si no es importante para ti el recuadro con el número 1, y si la valoras medianamente deberás marcar el 2.

En la columna "B" evalúa de la misma manera ¿qué tan satisfecho o cómodo estás con ello?

Y, finalmente, deberás repetir el procedimiento en la columna "C" dependiendo de cuánto tiempo, energía o recursos le dedicas a cada categoría.

A= Valoro   **B= Satisfacción**   **C= Dedicación**

Categorías	A	B	C	Categorías	A	B	C
1. Familia	3 2 1	3 2 1	3 2 1	6. Profesional	3 2 1	3 2 1	3 2 1
2. Pareja	3 2 1	3 2 1	3 2 1	7. Salud	3 2 1	3 2 1	3 2 1
3. Diversión	3 2 1	3 2 1	3 2 1	8. Espiritual	3 2 1	3 2 1	3 2 1
4. Económico	3 2 1	3 2 1	3 2 1	9. Autorrealización	3 2 1	3 2 1	3 2 1
5. Social	3 2 1	3 2 1	3 2 1	10. Seguridad en el futuro	3 2 1	3 2 1	3 2 1

Al terminar, deberás unir cada uno de los números marcados fila por fila, de izquierda a derecha. En total obtendrás 10 gráficas horizontales, una para cada rubro.

Por ejemplo, si para la categoría "Familia", en la columna "A: Valoro" marcaste el número 3, en la columna "B: Satisfacción" el número 1 y en la columna "C: Dedicación" el número 2, tu gráfica debería de verse así:

A continuación encontrarás las posibles gráficas que expresan las diferentes situaciones particulares. Busca cuál es la que te corresponde y revisa su interpretación.

En el ejemplo anterior, a la categoría "Familia", se le valora mucho (3), no se está satisfecho (1) y no se le dedica tanto como se podría (2), por lo que la interpretación adecuada corresponderá a la interpretación número 8: "Costumbre".

Si tienes dudas acerca de cómo y dónde clasificar tu gráfica, encuentra las que son parecidas y lee sus interpretaciones. La que te haga más sentido será la adecuada.

1. Engranaje

2. Tregua

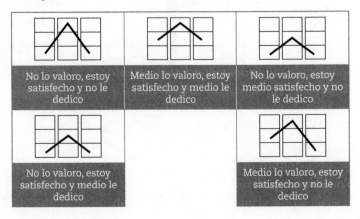

3. Negligencia

4. Medianía

5. Compensación

6. Terquedad

7. Abandono

8. Costumbre

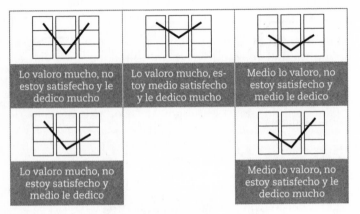

Lo valoro mucho, no estoy satisfecho y le dedico mucho	Lo valoro mucho, estoy medio satisfecho y le dedico mucho	Medio lo valoro, no estoy satisfecho y medio le dedico
Lo valoro mucho, no estoy satisfecho y medio le dedico		Medio lo valoro, no estoy satisfecho y le dedico mucho

9. Pasividad

No lo valoro, estoy medio satisfecho y le dedico mucho

Interpretación de gráficas

1. Engranaje. Las categorías de las que resultó esta gráfica reflejan que cada uno recibe lo que se esfuerza por conseguir, bueno o malo; como dice el dicho *honor a quien honor merece*. Si tu gráfica está en la sección superior, (si marcaste puros números 3), entenderás que dedicarle atención y recursos a eso que es importante para ti terminará dándote los resultados que esperas, generándote satisfacción. Obtendrás estas gráficas si has sido capaz de ejercer tu voluntad y mantenerte fiel a tus objetivos, si vives en función de lo que persigues y si tu comportamiento es congruente con lo que esperas obtener. Si tu gráfica está en la sección media o inferior, significa que el resultado que obtienes es proporcional a la atención que le dedicas a dicha categoría y quizás no te interese que sea mejor, en pocas palabras, llevas la vida en paz en cuanto a ese tema.

2. Tregua. En estas gráficas encontramos aquellas categorías con las que nos sentimos satisfechos, aunque no les demos importancia. Si obtuviste gráficas así, seguramente no sentirás necesario dedicar mayor atención o hacer algo adicional de lo que ya hiciste en otro momento. También, pueden tratarse de categorías que consideras ajenas a ti y que como sea, van saliendo adelante. En este caso, se diría que aceptas lo que te dan y, si llegaras a prescindir de ello, no te significaría un conflicto, al menos en apariencia. Para esta gráfica se evocan frases como *a nadie le dan pan que llore* o *de lo que no cuesta llena la cesta.*

3. Negligencia. Estas gráficas se obtienen en las categorías en las que aplica la ley del mínimo esfuerzo ya sea porque alguien más se está haciendo cargo del asunto, por creer que no es necesario dedicar más atención al tema o bien, porque estamos perdiendo el interés y, de no ir con cuidado, podríamos después encontrarnos con sorpresas. El riesgo de dar por hecho que algo ya está bien, sin supervisar el curso que está tomando, al menos de vez en cuando, puede hacer que se dé un vuelco en el camino espontáneamente y se presente el chasco. Quedarte dormido en tus laureles puede hacerte perder de vista señales que te dicen que es necesario tomar una pronta acción.

4. Medianía. Las categorías que tengan esta gráfica nos sitúan en el lugar del gris o del que se queda a medias tintas por no hacer algo para estar mejor. Valoras algo que te tiene medio contento pero no le dedicas suficiente atención y no va a mejorar hasta que tomes acción. Este patrón sugiere el papel que toma la víctima al quejarse de las cosas que están mal pero que no hace nada por remediarlas. Dicen algunos dichos *tan bueno como lo quiera o tan mediocre como lo deje, el que no se consuela es porque no quiere* y *el que tiene tienda que la atienda.* Las categorías que se encuentren aquí requieren de tu atención si es que pretendes en algún momento un desenlace más parecido a lo que esperas obtener.

5. Compensación. Estas gráficas reúnen a las categorías en las que aceptamos galletas a falta de pan. Algo que compensa alguna carencia y que nos aporta beneficios que, aunque los aceptamos quizás de buena gana, no nos interesan de manera auténtica. Si quieres comerte un sándwich de jamón pero solo hay salchichas, igual podrías disfrutar de una comida que te dejará satisfecho, pero no cumplirá con tu intención original. Algo que no se valora, pero que nos tiene satisfechos y además exige nuestra atención y compromiso, puede alejarnos de nuestros propósitos legítimos. Una ilusión de beneficio se puede convertir en un consumidor de tiempo, que bien podría dedicarse a eso que te daría una satisfacción más auténtica y no sólo en el tono de *mientras le apuesto a lo que realmente quiero*.

6. Terquedad. Esta es la gráfica del necio, del que opera en automático y del que no parece tener intenciones de moverse de lugar. Del que parece haberse quedado sin alternativas y está "obligado" a estar ahí ya sea por un dictamen propio o por servir al interés de otro. Es el caso del que no ha podido hacer valer su opinión o defender sus intereses. Si encuentras estas gráficas en tus resultados date cuenta que, ponerle fin a tu situación está en ti y no en manos de nadie más. ¿Has escuchado aquello de que el amo lo es hasta que el esclavo quiere? Si este es tu caso, te aconsejaría que abrieras tus horizontes para generarte un mayor número de opciones, así podrás aspirar a mejores panoramas.

7. Abandono. Dicen que si esperas la inspiración divina, a ti te esperará la ruina. Estas gráficas son representativas del que sueña con fantasías e ideales pero no hace nada para traerlos a la realidad. Es el caso de las buenas intenciones y los castillos en el aire, del desaprovechamiento de las oportunidades y de la falta de acción. Para que las cosas se muevan de lugar, primero hay que moverse uno. Una frase dice *el ocio que no quede impune, quien no trabaje que ayune*. El síntoma de estancamiento se origina en el interior, cuando las cosas en el exterior parecen inertes, primero habrá que volverse consciente de la inmovilidad que se presenta en uno mismo.

8. Costumbre. Estas gráficas pueden ser indicadores de una persona que intenta algo pero aún no llega a donde quiere. La perseverancia, si este es el caso, tarde o temprano dará sus frutos, la recomendación es no abandonar. Esta condición puede también reflejar a aquellos que esperan obtener resultados diferentes haciendo lo mismo. Aquí ubicamos a los que creen que trabajando más y más duro obtendrán los resultados que esperan. Encontrar una ruta más corta, la forma en la que no sea necesario tanto esfuerzo, simplificar los procedimientos, buscarle por otro lado, preocuparse por ser más eficaz en lugar de ser más eficiente, etc., son ideas que pueden ayudar al que se ha atorado en la inercia.

9. Pasividad. Esta gráfica habla de aquellas condiciones en las que se ha adoptado la inacción o el desinterés como forma predilecta de operar. *Más vale malo conocido que bueno por conocer* dirían algunos, y en la pasividad se pierde la posibilidad de ir por más. El que se quiere superar tendrá que cuidarse de no terminar en una zona de comodidad en la que "estar bien" o "más o menos bien" sea sinónimo de dejar de buscar lo que se pretende conseguir, de abandonar la ambición y el entusiasmo por hacer de la vida lo mejor que se pueda. El sopor que se genera alrededor de esta condición puede hacer a una persona mantenerse en el mismo lugar mientras van pasando los días y hacerle perder tiempo valioso que podría aprovechar para dedicar su atención a los deseos que tiene olvidados en el cajón.

De acuerdo a tus resultados, identifica cuáles son los tres escenarios de tu vida que debes atender con mayor urgencia:

1_

2_

3_

¿Cuándo te vas a dar cuenta que eres tú el que ha propiciado el drama que vives? ¿Cómo sabes si estás en el camino correcto si no te das el chance de pensar en ello? Reorientar las velas de tu barco es posible si te das, de vez en cuando, la oportunidad de reflexionar.

• RESUMEN PARA TU EXPERIENCIA •

El dinero es necesario para esta vida y nosotros parecemos estar programados al trabajo. El estilo de vida en automático para ganar dinero incrementa la insatisfacción que puede filtrarse a diversos escenarios de tu vida. Lo importante no es rechazar la rutina sino desarrollar aquella que te acerque a lo que quieres para ti. Una solución a la inercia sobreproductiva es contar con mayores espacios de silencio y reflexión que, además de nutrir a tu alma, te ayudarán a darte cuenta de si lo que haces te está llevando a donde quieres ir.

¿A qué te comprometes?

☐ Periódicamente me tomaré un tiempo de silencio y reflexión para evaluar el curso que está tomando mi vida.

☐ Dedicaré 10 minutos antes de iniciar el día para planear mis actividades.

☐ Mi dinero, a partir de ahora, servirá para abastecer de recursos y energía a mis prioridades.

¿Cómo llevarás tus compromisos a la práctica?

1_

2_

3_

SER DE UNA PIEZA
Sé congruente

¿Tu comportamiento con el dinero es congruente con lo que quieres para ti?

Julio hablaba de lo mal que estaba económicamente. Debía dinero al banco, sus gastos superaban por mucho sus ingresos, había perdido sus ahorros comprando cosas de las que luego se arrepintió haber adquirido, no tenía recursos para llevar a sus hijos de vacaciones e incluso estaba pensando en cambiar de empleo. Al hacerle algunas preguntas para comprenderlo mejor y conocer cómo era el momento que estaba viviendo, me dijo que se estaba distanciando de su familia, descuidando su matrimonio, no dando resultados en su trabajo por la mala administración que llevaba de su tiempo. Para ayudarlo, lo invité a un seminario a trabajar en su cambio interno, pues sus patrones personales de comportamiento estaban afectando no sólo su resultado económico sino otros escenarios de su vida. Me agradeció la invitación mas no se presentó. Preocupado de que le hubiera pasado algo, lo llamé y me informó que le habían surgido compromisos que tuvo que atender de improviso. Me reiteró su interés en asistir y me preguntó de nuevas fechas. Llegada la siguiente oportunidad tampoco se presentó. Su respuesta fue esclarecedora, me dijo que sí creía que le serviría la ayuda y que la necesitaba urgentemente pero que por el momento no tenía tiempo para asistir porque tenía muchas otras cosas que hacer.

La incongruencia se presenta cuando esperas que algo pase pero tus decisiones, actitudes y comportamientos no ayudan a que suceda. Julio padecía de incongruencia, deseaba mejorar su comportamiento con el dinero pero no era capaz de alinear su acción con su intención. Como él, encontramos al que se queja de lo difícil que es ahorrar pero gasta todo lo que tiene a la mínima provocación y a quien sueña con obtener mejores rendimientos de su dinero pero no se esfuerza por incrementar su inteligencia financiera.

Si la incongruencia se presenta en tu vida, estarás restando potencia al cumplimiento de tu intención. Imagínate que tienes varias plantas y quieres que todas crezcan sanas y grandes pero sólo riegas algunas y otras no. Seguramente, las que están privadas de agua no crecerán. Si lo que quieres es desarrollarte profesionalmente, lo mejor que puedes hacer es aplicar la cantidad necesaria de recursos para encaminarte en ese sentido comprando libros, asistiendo a la escuela o tomando cursos. Si la seguridad de tu familia es lo más importante, ahorrar o abrir un seguro para la educación de tus hijos debería aparecer como una de tus prioridades. El dinero sirve para hacer crecer una intención y después cosechar sus frutos.

Si hoy te sientes frustrado porque tu vida no es como la quieres y tus deseos no se han cumplido, la situación podría deberse a que padeces de incongruencia financiera. A continuación, revisaremos cuatro orígenes posibles para este padecimiento con la finalidad de tener elementos para reconocer de dónde viene el problema.

1. La inexistencia de un propósito claro que te invite a comportarte en línea con él.
Todas las personas podemos tener deseos, pero no todos tenemos propósitos. Si quieres que tu vida sea diferente pero no conviertes tu añoranza en determinación, tu destino podría definirse por azar. Ya hemos dicho que el dinero te puede servir para manifestar tus pensamientos si lo utilizas con esa finalidad mas, cuando no tienes claro el rumbo que quieres seguir como invertir en un negocio, en tu salud o en tu desarrollo profesional, podrías utilizarlo en lo primero que se te atraviese enfrente.

Pablo trabajaba para una empresa, acababa de separarse de su pareja y estaba afectado por ello. Un día, inesperadamente recibió la noticia de que se había hecho acreedor a un bono especial por su buen desempeño en el trabajo y ¡no supo qué hacer con él! Pasados unos días decidió comprar una gran televisión, aunque ya tenía una. Cuando me lo contó, le pregunté por lo que lo había motivado a hacerlo y me respondió que no se le había ocurrido gastarlo en alguna otra cosa más. De haber tenido un propósito claro que lo motivara, como ahorrar para unas vacaciones, proveer a su familia o juntar para el enganche de un departamento, su decisión hubiera sido muy distinta.

En varias ocasiones me han preguntado si gastar es bueno o es malo. Antes que nada debemos saber que gastar el dinero no es ni bueno ni malo, y deberíamos mejor preguntarnos si el gasto va en línea con lo que quieres obtener. El objetivo de tener un propósito claro al cual apostarle, es desarrollar un parámetro que oriente tus decisiones, que te sirva para discriminar una buena de una mala decisión. Teniendo un propósito en mente, podrás definir las estrategias que necesitas para hacer que tu vida se convierta en una fuente de memorias y experiencias que quieres obtener.

Si aún no tienes claro el destino con el que quieres encontrarte, comienza por evaluar opciones y aclara tus prioridades. Si nada te convence y no has logrado identificar hacia dónde quieres ir, entonces procura no gastar tu dinero en "lo que sea" pues es dinero que probablemente no recuperarás, mejor ahórralo y espera tu momento. Cuando tengas claro tu propósito entonces apuesta por cumplirlo.

2. Ser incapaz de aguantarse las ganas de gastar, en beneficio de un fin mayor.

Si ya tienes un propósito claro, pero en lugar de apostar por él, destinas tu dinero a otra cosa, deberías considerar fortalecer tu voluntad. Cuando no eres capaz de contener la urgencia emocional de poseer algo, la posibilidad de alimentar tus prioridades, eventualmente se verá disminuida. La mayoría de las veces, el verdadero problema no está en cuánto ganas sino en qué haces con lo que tienes en las manos. Si eres de los que se queja de no tener dinero suficiente para hacer todo lo que quiere, pero gastas tu dinero en cosas que no tienen que ver con tu propósito inicial, deberías ajustar tus prioridades de gasto. Si tu inconformidad es que el dinero efectivamente no te alcanza, considera entonces utilizar lo poco que te queda para desarrollar tu inteligencia financiera o de negocios. Recuerda que para superar cualquier reto o dificultad, lo primero será asumir la responsabilidad que tienes en el asunto.

En uno de los seminarios Alejandra compartió que, derivado de un manejo irresponsable de su dinero, hoy estaba endeudada hasta el cuello y lo "poco que ganaba" le servía sólo para pagar sus deudas. Defendía fervientemente que cuando encontrara la fórmula para generar muchos ingresos se resolvería su problema, pero, explorando con ella un poco de su historia, nos enteramos que no era la primera vez que le pasaba. Un año antes había sido contratada para participar en un proyecto y, con lo que ganó, pudo pagar casi la totalidad de lo que debía. Sin embargo, pasado un tiempo, regresó a sus hábitos de gasto y su deuda se volvió a incrementar. Le sirvió mucho saber que el patrón de endeudamiento no se resuelve con un golpe de suerte, sino con el compromiso de llevar unas finanzas controladas y que, obtener mejores rendimientos del dinero no requiere de mayores ingresos sino de saber cómo utilizarlo para que dure más.

Aunque no se trata de vivir una vida limitada y a rajatabla, sí es importante desarrollar la suficiente fuerza de voluntad como para no gastar en cosas innecesarias, no porque los demás las consideren así, sino porque no van en línea con lo que es importante para ti. Si una de tus prioridades actuales es vivir una vida más cómoda, y te alcanza para dártela, ¿quién podría decirte que sería innecesario comprar un sillón más cómodo o una televisión más grande? Al final, la satisfacción será tuya y de nadie más. Tú sabrás si en lo que gastas vale la pena, en función de tu objetivo principal.

Para controlar el gasto y apostar por tus prioridades, te plantearé dos ideas: Una es que te acostumbres a llevar un presupuesto mensual en el que establezcas con claridad cuánto dinero será para el gasto corriente y cuánto será "sagrado" para apostar por la prioridad que para ti es tan importante. La segunda es tener dos cuentas separadas, una en la que deposites una parte de tus ingresos para alimentar exclusivamente tu prioridad y otra para todo lo demás.

3. Padecer de consumismo

Si eres de los que acostumbran comprar y acumular cosas para obtener una satisfacción momentánea o para llenar sus huecos existenciales, tienes un comportamiento consumista. Si has desarrollado este patrón, puedes desatender tus prioridades y usar tu dinero en lo que tus sentidos te convencen de comprar, para luego, al recuperar la consciencia, sentirte culpable por lo que acabas de hacer.

Angélica tenía una adicción emocional a comprar bolsas. Cada que iba a un centro comercial lo hacía con miedo pues temía encontrárselas en el camino. Sabía que en cuanto las viera perdería la cabeza y compraría cuantas pudiera. Uno de los cuartos del departamento en el que vivía se había convertido en una bodega. Bolsas y más bolsas de todos los colores, texturas y marcas. Su comportamiento consumista la había orillado a desatender otras prioridades como el pago de servicios, el pago de su hipoteca y de su tarjeta de crédito.

Para no padecer de consumismo, es sumamente importante tener, además de un propósito claro y fuerza de voluntad, autoridad sobre uno mismo pues de lo contrario, seremos proclives a dejarnos convencer con facilidad de lo que otros quieren que compremos. La publicidad se ha vuelto tan efectiva que es capaz de convencer casi a cualquiera; si ya para algunos, lidiar con su falta de sentido es complicado, el cuadro se agrava más al vivir en un mundo bombardeado por los medios de comunicación segundo a segundo con mensajes de *compra, gasta, dame tu dinero, evita situaciones terribles adquiriendo mi producto, hazte de mi solución.*

Haber desarrollado una debilidad hacia las compras o un comportamiento consumista, mermará el fortalecimiento no sólo de tus prioridades, sino de tu economía en general. Si te reconoces aquí, y tus esfuerzos por controlar tu incontinencia emocional hasta ahora han sido insuficientes, te sugiero pensar en una solución creativa al estilo de "si no puedes contra ellos, úneteles". Angélica, la que no resistía comprar bolsas, trabajó en una solución creativa para su problema y llegó a la siguiente conclusión: si no podía detener su deseo de adquirir una nueva bolsa, la iba a comprar, pero pasado un tiempo, abriría una venta de garaje para recuperar algo del costo. Quizás no es la mejor solución pero de momento, le funcionó para su problema y sin duda le dio otra perspectiva de su adicción.

4. Miedo a que suceda lo que esperas

Como cuarta posibilidad puede que seas de las personas que tienen miedo de su propio éxito. En este caso puedes tener un propósito claro e incluso apegarte a tu estrategia para cumplir con tu intención pero sin darte cuenta, de un momento a otro puedes extrañamente tomar decisiones en contrasentido de lo que esperas y, con la finalidad de postergar el momento de cerrar el ciclo, crecer o evitar la confrontación con una nueva responsabilidad, tirar por la borda todo lo que habías avanzado. La incongruencia, en este caso, radica en soñar con una vida mejor y al mismo tiempo hacer algo para no llegar a su culminación.

He conocido casos de empleados que desean convertirse en sus propios jefes y dejan sus empleos para iniciar con sus negocios, pero cuando emprenden el camino, después de confrontarse con una inmensidad de alternativas que antes no tenían y, sin alguien que les diga qué hacer como cuando tenían un jefe, sucumben al desconcierto y vuelven a buscar un ambiente estructurado, renunciando a la posibilidad de una vida como la pensaron. Estas son personas que soñaron con un mundo mejor y tomaron las decisiones necesarias para lograrlo, pero en cuanto se enfrentaron a una nueva realidad, al no saber cómo administrar su nueva libertad, corrieron de vuelta a lo que conocían.

Es sano reconocer cuando te has equivocado, cambiar de opinión o arrepentirte de haber tomado alguna decisión que resultó equivocada, pero abandonar el camino por miedo a crecer o a tener éxito podría hacerte sentir arrepentido cuando el agua se haya calmado. No siempre será fácil, pero si realmente deseas algo, a veces deberás dar un salto de fe, confiar en que la vida hará su parte y confiar en ti mismo para salir adelante. Lo más importante, independientemente de las circunstancias, será el no desertar.

Si intuyes que esto es lo que te pasa, que tienes miedo de tu propio éxito o que tienes miedo de crecer pero lo deseas, la recomendación es que sigas adelante, con todo y el pánico que pueda causarte. La persona que es valiente no lo es porque no siente miedo, sino porque con todo y el miedo, se enfrenta a lo que tiene delante. No dejes que el temor te orille a caer en una incongruencia, el futuro que quieres está ahí, esperando, hasta que decidas encontrarte con él.

Carecer de un propósito, dejarse arrastrar por el impulso de gastar, padecer de consumismo y no saber cómo manejar la libertad, figuran como algunas de las causas de la incongruencia financiera; un comportamiento que, de no remediarlo, te dejará con las ganas de ver realizarse lo que esperas.

Sé realista

¿Tu vida es inflada o real?

Con la mirada en las nubes, los pies en el suelo y las manos libres para trabajar. Esta fue una de las frases que escuchó Francisco, de boca de su padre, cuando obtuvo su primer empleo. Su padre, había sido un hombre que había batallado a lo largo de su vida para ganarse el sustento y sacar adelante a su familia. Sin embargo, aunque hubiera querido darle a su hijo y a su esposa una mayor calidad de vida, tomó la decisión de vivir una vida de acuerdo a sus posibilidades, no como algunos de sus compañeros de trabajo quienes abusaban de las tarjetas de crédito para vivir experiencias y darse lujos que no podían pagar. Claro que el padre de Francisco se sentía tentado a pedir un préstamo para irse muy lejos de vacaciones y competir en las conversaciones a la hora de la comida, contando anécdotas insuperables y despertando la envidia de los demás, pero no lo hizo. Hoy la realidad es esta, el padre de Francisco, sin deudas, disfruta de su jubilación, libre de pendientes y de compromisos. Sus colegas, por el contrario, siguen trabajando para pagar los consumos irresponsables en los que incurrieron en aquella época, cuando podrían estar disfrutando de la vida, sin preocuparse por trabajar.

¿A quién no le gustaría darse una mejor vida que la que tiene? Tendemos a sentirnos inconformes con lo que tenemos y rara vez dejamos de aspirar a algo superior. Cuando pretendes mejores condiciones de vida tienes dos opciones: la primera es trabajar por ello y hacerlo suceder. La segunda es conseguir un crédito que te permita, aunque sea por un tiempo corto, vivir una experiencia inflada que tarde o temprano tendrás que liquidar. Las facilidades con las que hoy una persona puede endeudarse son increíbles, siempre y cuando prometas que podrás pagar en el futuro lo que utilizarás en el presente y si no tienes un mal antecedente, puedes obtener un préstamo para vivir una experiencia ¡que tardarás años en pagar! Supongo que, hasta cierto punto, a muy pocos les gusta sentirse "condenados" a vivir las mismas experiencias que han vivido siempre, pero en un mundo de fantasía adquiriendo deudas. Tarde o temprano los hará confrontarse con su realidad y dicen que el *que más alto sube, de más alto cae*.

Para realmente ser congruente en tu manejo financiero debes ser realista y desarrollar tu prueba de realidad, tener la humildad suficiente para reconocer qué, dentro de tus parámetros, es un lujo y ¡gastar sólo lo que puedes! Si no estás conforme con tu realidad presente, entonces define tu objetivo, sé creativo, planea tu estrategia y juégatela para mejorar tus condiciones económicas. Prepárate más y desarrolla tu inteligencia financiera. No busques la salida fácil que luego terminará siendo la más cara. Desarrolla la capacidad de postergar la satisfacción de tus deseos, sobre todo cuando satisfacerte de inmediato te pueda dar complicaciones hacia el futuro. Para ser congruente, además de aprovechar tu dinero para apostar por tus prioridades y no desviarte del camino, ajustarte a tu realidad también será necesario; sin perder de vista que si quieres mejorar tus condiciones, lo mejor será trabajar por ello, ir con paso firme y cuidarte de las soluciones rápidas que mañana te traerán problemas.

No me dejarás mentir, el ingenio de algunas personas es digno de recibir un reconocimiento, por ejemplo, al ver imágenes de una radiograbadora adaptada a una carreta de pan para que sirva como estéreo, colocar un aire acondicionado de oficina a una camioneta para las épocas de calor, pegar con cinta un espejo de mano en el retrovisor caído mientras se consigue el adecuado, hacer una sopa con las verduras que quedaron de la semana o hacer tacos de salchicha si estos son los únicos ingredientes disponibles en el refrigerador. Seguro tendrás comentarios y juicios al respecto y puedes opinar que utilizar las cosas para los fines que no fueron destinados puede ser riesgoso o de mal gusto, pero también podrías verlos como una expresión creativa que confirma que no todas las veces el dinero es una limitante para cumplir con una necesidad ni necesitas desembolsar, siempre, fuertes cantidades de dinero para darte experiencias que a tu alma le interesa vivir.

Hay algo más. El comportamiento congruente sería sencillo si tuviéramos solamente un propósito en la vida, si el tope de las aspiraciones individuales fuera el mismo para todos, o si tuviéramos una prioridad con la cual cumplir. Si sólo nos preocupáramos por comprar alimento, abrigo y tener un techo donde dormir, sería fácil ser congruentes. Pero la realidad es que vivimos en el mundo de las posibilidades y de los deseos y rara vez nos conformamos con una única cosa.

Tener claras tus prioridades, saber cuáles van primero, cuáles pueden postergarse y luego apegarte a dicho esquema, puede ayudarte a fortalecer un comportamiento congruente. Ser congruente es sinónimo de vivir una vida ajustada a tus posibilidades e implica tener la suficiente humildad y madurez como para reconocer qué es lo que sí se puede y qué es lo que no, sin dejar de planear la vida que podrás vivir en el futuro como lo quieres hoy poniendo en práctica estrategias inteligentes para superar tu condición.

A continuación te propongo que hagas una evaluación para que puedas identificar qué tan congruente eres manejando tu dinero.

Práctica 6: **Congruencia financiera**
Tiempo aproximado: 20 minutos

De las siguientes afirmaciones, marca la respuesta que más se acerque a tu experiencia siendo 5 lo más cercano y 1 lo más alejado. Por ejemplo, el primer reactivo dice "Me apego a un presupuesto de gastos cada mes". Si en tu caso te apegas siempre a uno debes marcar el 5, si por el contrario no acostumbras hacer uno deberás marcar el 1. Si haces uno pero no siempre te apegas, deberás marcar el 2, el 3 o el 4 dependiendo de qué tan cerca esté del 5, que representa el Sí o del 1 que representa el No.

En mi vida...

1. Me apego a un presupuesto de gastos cada mes.	1	2	3	4	5
2. Mi dinero sirve a mí propósito, no a mi impulsividad.	1	2	3	4	5
3. Cumplo íntegramente mis metas de ahorro mensuales.	1	2	3	4	5
4. Hoy hago lo que quiero sin angustiarme por el dinero.	1	2	3	4	5
5. Gasto solo en lo que es necesario.	1	2	3	4	5
6. Conozco cómo afectan mis gastos a mi balance mensual.	1	2	3	4	5
7. Hoy me alcanza para todo lo que quiero.	1	2	3	4	5
8. Sé cuánto gano, cuánto tengo y cuánto debo.	1	2	3	4	5
9. Vivo hoy la vida de mis sueños.	1	2	3	4	5
10. Persigo un propósito claro que fortalezco con mi dinero.	1	2	3	4	5
11. Cuando quiero algo, me organizo para conseguirlo.	1	2	3	4	5

12. Mi dinero sirve a mis metas a largo plazo.	1	2	3	4	5
13. Compruebo cada mes si utilicé debidamente mi dinero.	1	2	3	4	5
14. Tengo claras mis prioridades de gasto.	1	2	3	4	5
15. Cuando recibo un dinero inesperado sé qué hacer con él.	1	2	3	4	5
16. Me doy gustos a mí mismo si está en mi presupuesto.	1	2	3	4	5
17. Sería capaz de enfrentar imprevistos si se presentaran.	1	2	3	4	5
18. Rara vez recurro a créditos o préstamos.	1	2	3	4	5
19. Mis resultados financieros son planeados.	1	2	3	4	5
20. Si no me alcanza, lo planeo para el futuro.	1	2	3	4	5

Cuenta la cantidad de unos, dos, tres, etc., que tuviste. Anota los resultados en la tabla que lleva por nombre "Frecuencia de puntajes". Después, en la tabla de Frecuencia y Resultados, rellena verticalmente el número de repeticiones de cada opción, es decir, si tuviste un total de 8 cuatros en todo el cuestionario, deberás rellenar verticalmente la columna del 4 hasta que cruce con el 8 horizontal.

Frecuencia de puntajes

Número de unos	
Número de doses	
Número de treses	
Número de cuatros	
Número de cincos	

Rellena el espacio por columnas hasta llegar al total de números en cada caso.

FRECUENCIA

RESULTADOS*

Los reactivos que acabas de leer reflejan situaciones basadas en un comportamiento congruente. Dependiendo de qué tan bajo sea tu puntaje puedes darte cuenta de qué tan incongruente eres manejando tu dinero y qué tanto quedas a la deriva de tus impulsos o de la voluntad de los demás. Para proceder a la interpretación, identifica a qué gráfica se parece más la tuya aunque no sea exactamente la misma.

Gráficas del nivel de congruencia o incongruencia

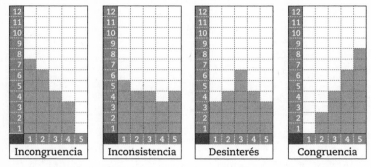

De las cuatro posibilidades, mi gráfica es más parecida a:

_____

Gráfica de incongruencia

Esta gráfica refleja:

- Ser presa de manejo impulsivo del dinero
- Ausencia de un propósito claro al cual apostarle
- Miedo a ser libre
- Voluntad frágil, se actúa como una veleta
- Unas finanzas sin sentido o sin propósito aparente
- Falta de claridad a qué apostarle
- Decisiones tomadas con base en corazonadas o por antojos momentáneos
- Distribución del dinero "un poco para todo"
- No fortalecer ninguna intención con frontalidad
- Ser algo parecido a una manguera con agujeros
- Voracidad incontrolada
- Incapacidad para ponerse un límite

Gráficas de inconsistencia y desinterés

Estas gráficas reflejan:

- Incongruencia selectiva (para unas cosas sí y para otras no)
- Intentos fallidos por apegarse al propósito individual
- Contar con sistemas de planeación o control pero no apegarse a ellos
- Manejos financieros basados en estimaciones o al tanteo
- Ausencia de una motivación suficiente para cumplir con lo que uno quiere
- Deseo por apegarse a reglas aunque de manera inefectiva
- Avance que no se termina de concretar
- Inicios de una modificación en el comportamiento

- Cuadro pasivo de desinterés
- Esperar a que las soluciones caigan de los árboles
- Dependencia a que otros resuelvan los problemas propios
- Indiferencia a los resultados que se obtienen

Gráfica de congruencia
Esta gráfica refleja:
- Voluntad fuerte que se plasma en la realidad
- Carácter determinado
- Manejo racional de las finanzas
- Esforzarse por vivir una vida como la pensada
- Apostar por lo que uno quiere
- Resistirse a los impulsos del momento
- Aproximación sensata en el manejo del dinero
- Construir un futuro de manera planeada
- Autosuficiencia
- Contar con los recursos para vivir una vida a la medida.
- Presencia de parámetros internos para tomar decisiones.
- Asumir responsabilidad sobre uno mismo

El reto es encontrar tu propia línea y tus prioridades y luego actuar en consecuencia para que el gasto refleje eso que sí esperas obtener.

Una de las funciones de la mente, que te ayuda a mantener y procurar un comportamiento congruente, es la atención focalizada. Tu cerebro procesa millones de bits de información por minuto y solamente por periodos cortos de tiempo te vuelves consciente de algunos fragmentos de la realidad que él percibe; de lo contrario vivirías en un ruido que ensordecería tus sentidos. Para que un evento se vuelva perceptible, es decir, que lo puedas notar, debe ser lo suficientemente intenso como para provocar una reacción electroquímica en ti. En otras palabras, escuchas sólo lo que es audible, ves lo que es suficientemente luminoso, etc. Además, de entre todos los estímulos, tu cerebro discrimina la información que considera relevante para llamar tu atención. Si por ejemplo estás en la cocina hablando con alguien por teléfono y la leche que estabas calentando empieza a desparramarse, tu cerebro, que está registrando todo lo que está sucediendo a tu alrededor, es capaz de identificar que el derramamiento puede ser en ese momento lo más importante, así que te lo hace notar para que luego cierres la perilla de la estufa o quites el pocillo de la hornilla. De la misma forma, cuando quieres que tus finanzas respondan a tus planes, tendrás que aleccionar a tu cerebro y aprender a discriminar a cuáles de tus prioridades deberá aplicar más atención, para no perderte en el ruido generado por las tentaciones de gastar.

• RESUMEN PARA TU EXPERIENCIA •

Ser incongruente en la forma de administrar los recursos termina por debilitar la posibilidad de ver tus intenciones plasmadas en la realidad. El dinero que se aplica a un mismo rubro recurrentemente, es similar al agua con la que se riega una planta que se ve crecer. Una vez que tengas identificados tus objetivos, aplica sensatamente los recursos necesarios para ayudar a que se cumplan. Cuando tenemos muchas prioridades habrá que evaluar cuáles son las que realmente nos ayudarán a lograr una vida deseada y cuáles pueden esperar.

¿A qué te comprometes?

☐ Haré lo necesario para ser congruente con mis prioridades en mis manejos financieros.

☐ Sacrificaré gastos innecesarios para apostar más por mis prioridades.

☐ Ajustaré mi estilo de vida a lo que puedo solventar.

¿Cómo llevarás tus compromisos a la práctica?

1_

2_

3_

Después de haber revisado este capítulo, ¿de qué te das cuenta ahora y qué vas a hacer con eso?

2

TU PROGRAMACIÓN AL DINERO

Hasta ahora hemos revisado, desde diferentes frentes, la importancia que tiene desarrollar una mentalidad adecuada para llevar tus sueños a la realidad, superarte económicamente y desarrollar unas finanzas más saludables. Ahora toca el turno de la programación al dinero. Dependiendo de nuestra historia y de nuestra constitución psicológica, desarrollamos una programación particular al dinero que es aprendida y que, junto con nuestra mentalidad, definen los resultados financieros que obtenemos. En las siguientes páginas identificaremos tus emociones y creencias acerca del dinero que forman la base de tus actitudes hacia él para, finalmente, proponerte un esbozo de personalidades financieras y así proveerte de elementos que te permitan identificar en ti lo que podría estar debilitando tu economía y alejándote de la posibilidad de alcanzar un estado de realización financiera y personal.

LA PSICOLOGÍA DE TUS RESULTADOS FINANCIEROS
Eres un ser integral ¿Qué tanto conoces de ti mismo?

Tienes una forma de ser que se revela en todo lo que haces, incluyendo en la forma en la que te comportas con el dinero. Si revisas tus transacciones financieras del mes o del año, verás el reflejo de un comportamiento particular. Tus resultados financieros no pueden desligarse de lo que haces con tu dinero y tu comportamiento se origina en tus características de personalidad; la fórmula nos dice: primero eres, luego haces y así tienes.

Cuando uno quiere modificar algo a nivel de su economía, primero debe tener la claridad suficiente para saber sobre qué enfocarse. Así como cuando te enfermas, vas con un médico general que te señala la dirección correcta para ir con el especialista y atender tu malestar específicamente, lo mismo aplica para cuando quieres mejorar tus resultados financieros. Es necesario identificar qué aspecto de tu psicología provoca el resultado indeseable. Por ejemplo, si estás preocupado porque no puedes ahorrar, podríamos suponer que es por tener bajos ingresos, por una deficiente administración de los recursos, por una falta de sentido de para qué hacerlo, una falta de planeación o por la inclinación a cumplir con los deseos de forma inmediata. Si profundizamos en tu caso, quizás descubramos que existen creencias o emociones que te orillan a gastar todo lo que tienes, o bien, actitudes que no te ayudan a cumplir con tu intención. Una vez que hayas detectado qué de tu psicología provoca dicha situación, entonces sabrás sobre qué enfocarte para cambiar y mejorar tu condición.

Exploremos el siguiente ejemplo: Raúl, quien ha estado sintiendo dolor en la rodilla, va caminando un día por la calle pensando en sus problemas con el dinero: debe pagar la renta, hacer el servicio del coche y no lo presupuestó, debe las tarjetas de crédito, etc. No gana mal pero sabe que no le alcanza y cree que si se independizara ganaría más dinero. Mientras se va metiendo en este lío empieza a sentir enojo y no se da cuenta que en la banqueta hay una coladera destapada, se le atora el pie, se cae y ¿adivina dónde se pega? En la rodilla.

Si quisieras interpretar esta imagen para identificar la causa por la cual al caer se pega justo donde le duele, podrías encontrar varias respuestas. Desde un sentido práctico dirías que por venir distraído no se da cuenta por dónde pisa y se le atora el pie; místicamente dirías que la vida, por medio de un accidente, lo ayuda a darse cuenta que debe tomar una pausa y cambiar el rumbo por el que va; psicológicamente podrías pensar que él solo se está metiendo el pie. Pero, ¿cómo saber que los pensamientos negativos que está teniendo últimamente no son los que le están debilitando la rodilla, o que la vida, efectivamente, le quiere dar una lección de humildad y, si la rodilla lastimada le provoca enojo y esto hace que más pensamientos debilitantes inunden su mente lo que le provoca estar distraído y no ver el hoyo? Aunque intentes explicar lo que le pasó con cualquiera de estas causas, más allá de si es el huevo o la gallina, sus niveles de existencia guardan una relación entre ellos, tal como sucede contigo.

Tienes muchas realidades que se afectan entre ellas. Cuando estás deprimido psicológicamente también tu organismo se deprime cuando estás en una situación de riesgo tu cuerpo se activa, igual que tu mente; el malestar físico afecta tu estado emocional y con ello se afectan tus pensamientos; estar enamorado es tanto una idea como un sentimiento pero también un cúmulo de sensaciones corporales. En fin, no podrías creer que sólo eres un cuerpo físico o que sólo eres pensamientos, emociones, alma o espíritu. Creerlo así propiciaría verte dividido, cortado en partes. Si alguien quisiera conocerte realmente, sería necesario que considerara las cosas que te pasan, la gente con la que te juntas, tu relación con el dinero, los accidentes o eventos inesperados que se te presentan, tu tipo de enfermedades, tus sueños, tus frustraciones, etc., pues todos los escenarios parten del mismo lugar. Eres multifactorial, tienes realidades que van desde lo físico hasta lo más espiritual.

Si cambias algo en ti, cambiará todo lo demás. Al modificar tu alimentación, por ejemplo, sustituyendo la comida chatarra por agua, frutas y verduras, se modificará también tu estado de ánimo; tus pensamientos se volverán más positivos y se generarán mejores acontecimientos en tu vida. De la misma forma, resolver un apuro económico hará que mejore la perspectiva de las cosas que te pasan. Si crees que tu vida está atorada y que en ella no está pasando nada, al voltear tu mirada al interior te darás cuenta ¡que el atorado eres tú!, y que se refleja en tu experiencia a nivel de tus pensamientos y tus emociones. Al deshacer tus nudos internos como por arte de magia todo en el exterior empezará a fluir; como cuando tienes un problema que no sabes cómo solucionar te ayuda el salir de paseo, concentrar tu atención en algo que no tenga que ver con tu conflicto, estar en mayor contacto con la naturaleza para respirar mejores aires o tomar una terapia alternativa de relajación. Al mover una pieza, se moverán las demás.

Tus resultados financieros son un síntoma

¿Qué nos diría tu dinero si le preguntáramos sobre ti?

Tu realidad económica es un síntoma. Lo que piensas del dinero y lo que haces con él se origina tanto en tu mentalidad, que es aprendida, como en tu forma de ser. Cómo lo ganas, cómo lo gastas, si lo ahorras o lo pides prestado, si en tus manos dura mucho o poco tiempo, si lo mantienes en secreto o lo regalas a manos llenas, etc. La manera en la que manejas el dinero revela algo de tu personalidad, tanto como lo hace tu comportamiento en otros escenarios de tu vida. Tu forma de bailar es similar a tu forma de pensar, igual que tu forma de comer, de manejar, de caminar y de relacionarte con los demás. ¿Lo habías notado? Imagínate a alguien que se queja constantemente de no tener dinero pero que es despilfarrador, gasta sin control y no tiene en orden sus cuentas, ¿qué crees que pasaría si se gana la lotería? Lo más probable es que la gaste y le dure poco tiempo. Ahora piensa en una persona que con el tiempo se ha convertido en un tacaño. ¿Qué crees que pasaría si le ofreces invertir en un negocio para duplicar sus ahorros? Seguramente te dirá que no, porque su programación no da para ello. Al tacaño, que tiene ahorros, su forma de ser lo orilla a acumular, no a invertir ni a apostar.

Tu programación al dinero te ha permitido tomar ciertas decisiones y no otras, ha influido en lo que has hecho con él y eso ha dado origen a tu condición económica particular presente. ¿Te gustaría modificarla? Entonces deberás comenzar a actuar de manera diferente y para eso, deberás cambiar tu programación, actualizarla de tal forma que los resultados que esperas los produzcas de manera natural. Si en un procesador de texto presionas la tecla de "retorno" el cursor se moverá una línea hacia abajo. Pero si sabes de sistemas y reprogramas la función, podrías hacer que el cursor vaya hacia arriba. Cambiar un resultado no se trata de suerte sino de comportarte de la manera adecuada en función de los objetivos que tienes en mente.

Luis es panadero y lleva en una canasta sujeta a su bicicleta lo que debe vender en el día. Temprano en la mañana sale de su casa y se dirige a la tienda que habitualmente le compra su producto. Al salir, se encuentra con un perro que se echa a correr en su dirección pelando los dientes, lo tira al suelo y le hace perder unos minutos, pronto se sacude el polvo y vuelve a emprender su camino. Por otro lado, Azucena es una maestra de escuela que acaba de descender de un autobús descompuesto para tomar el siguiente transporte que la llevará a su destino. En el momento en que decide cruzar la calle olvida voltear hacia la izquierda, por donde viene Luis, y por un segundo casi se estrellan el uno con el otro. Ambos coincidieron en un lugar y tiempo determinados aunque no se hayan puesto de acuerdo. Los dos tenían en mente un destino final al que querían llegar, lo que les hace eventualmente encontrarse.

Todo lo que vives en un día tuvo su origen en algún lugar y en algún momento. Cuando eres testigo de ello es cuando ya las energías se conjugaron, cuando los vectores independientes se cruzaron. Tu experiencia, en realidad, está formada de minúsculas y grandiosas coincidencias: si estás endeudado o ganando lo suficiente, emprendiendo tu propio negocio o sobreviviendo, lo que estás presenciando son las secuelas de las decisiones que tomaste, con o sin consciencia, y de sucesos que se presentaron en el pasado. Todo lo que has vivido hasta ahora te ha puesto en el lugar en el que estás hoy, aquí, con tus logros y tus fracasos, con tus buenos y malos resultados. Una vez que la realidad se configura, es imposible modificarla. Sería una necedad esperar que los resultados que hoy obtienes fueran diferentes, pero podrás modificar los que vendrán después si cambias tu comportamiento desde hoy.

Gloria tenía malos hábitos alimenticios y padecía de fuertes dolores de cabeza, lo que la hacía gastar una cantidad importante de dinero en medicinas y remedios para la jaqueca. De pronto decide ir con el doctor quien le hace estudios para saber qué es lo que no está bien con ella. Encuentra que tiene un problema en la vesícula y eso es lo que le está provocando sus cefaleas. De nada le serviría ya seguir tomando aspirinas pues por más que lo haga, su problema no terminará de resolverse hasta que se atienda la vesícula.

Si comienzas a sembrar semillas diferentes y las cultivas, con el tiempo cosecharás sus frutos. Si no tienes ahorros pero empiezas desde hoy a depositar en un bote las monedas que te quedan en el día, el día de mañana ya tendrás ahorros. Si hoy tu negocio no da los resultados que esperas, actualiza entonces tu estrategia, cambia tu respuesta, organízate y da pequeños pasos, toma pequeñas acciones y tarde o temprano comenzarás a ver resultados más alentadores. El pasado se recuerda, el presente se experimenta y el futuro se forja. Si algo quieres cambiar en tus resultados, tendrás que comenzar a hacer algo distinto, desde hoy. Desencadena acciones, unas que dependan de ti, otras que no, y da tiempo a que se crucen los vectores cuando sea tiempo. No dejes pasar un día sin sembrar, sin mover la rueda, sin hacer algo para apoyar el desenlace que esperas y poco a poco, igual que un vaso con agua que se llena gota a gota, en algún momento tus deseos encontrarán la forma de desparramarse de tu mente y volverse realidad.

El dinero no resuelve los problemas, tu crecimiento sí

¿Crees que todos tus problemas se resolverían con dinero? ¿Crees que teniendo una cuenta de banco millonaria, ganando apuestas o recibiendo una herencia, resolverías todos tus problemas, pagarías tus deudas, comprarías la casa de tus sueños, lo invertirías en tu salud y tu desarrollo, saldrías de gastos, pondrías tu negocio, viajarías y ayudarías a la gente? La experiencia nos dice que hay personas que aun cuando así les ha sucedido, tarde o temprano terminan en el mismo lugar en el que estaban, personas a los que "la vida resuelta" les dura poco. No podría negar que un dinero inesperado muchas veces alivia las dificultades inmediatas pero, aunque te resuelva problemas a corto plazo, rara vez te resolverá el problema de fondo mientras los patrones de comportamiento que te han puesto en el lugar en el que estás permanezcan iguales.

Para mejorar tu economía y aspirar a un estado de realización mental y financiera, algo deberá cambiar en ti. Pretender otros resultados o resolver tus problemas de dinero va a requerir una actualización de tu parte, ascender al siguiente escalón en la medida de tus posibilidades, una maduración personal como ser humano y mucho aprendizaje. Tener la facultad de hacer algo que antes no podías requiere de un proceso gradual en el que tu capacidad y responsabilidad deben desarrollarse a la par.

Tener unas finanzas sanas es sinónimo de madurez. Hay personas que cuando se encuentran en situaciones difíciles imploran que las cosas regresen a como estaban antes, cuando estaban mejor o cuando tenían la vida asegurada. Pero más allá de la imposibilidad que esto implica, si fuera una condición humana quedarnos igual, nos comportaríamos como un bebé de un año pasados los treinta. ¿Qué te parecería que estando en una reunión con tus amigos, uno de los invitados comenzara a llorar porque tiene hambre, o peor aún que todos lloraran porque el café ya se les enfrió, que alguien estuviera pataleando en el suelo porque se acabó la botana que le gustó y que tus paredes estuvieran rayadas con plumón porque a alguien le pareció creativo hacerlo? Si estuvieras en una guardería estos comportamientos serían quizás normales pero no en una reunión con amigos en la sala de tu casa. Hay comportamientos adecuados e inadecuados a cada edad y en la medida en la que vas creciendo se espera que te comportes de una forma y que demuestres que has aprendido a desarrollar actitudes que antes no tenías. Para obtener mayores beneficios del dinero necesitas un adecuado nivel de dominio sobre ti mismo, y esto no quiere decir que para manejar unas finanzas sanas debas tener una edad avanzada, hay personas adultas llevando unas finanzas deplorables, al igual que hay jóvenes cuyos hábitos sirven como ejemplo.

Con tu desarrollo cambian tus resultados. Si tu única fuente de ingresos fuera hacer panqués de naranja conforme a la receta de la abuela y de repente quisieras ganar más dinero poniendo un restaurante, este talento sería insuficiente ¿estás de acuerdo? Administrarlo requerirá de ti una respuesta diferente a simplemente estar en tu cocina horneando panqués. De entrada tendrías que comenzar a pensar con un mayor alcance y a tener una mayor visión, aprender a llevar las cuentas, a preparar otros platillos, a dirigir a tus meseros y cocineros, a manejar controles e inventarios de comida, etc. Habilidades que podrías no tener dominadas aún pero que, además, requieren de una evolución: De ser un individuo aislado en la cocina a ser una persona que tiene responsabilidad sobre más personas convirtiéndose en un líder de negocio, lo que requerirá de tu crecimiento como ser humano en simultáneo.

Deberás ir a tu ritmo, la prisa puede no darte lo que esperas. Cuando a alguien se le exige responder a situaciones para las que no está preparado aún, los resultados no siempre serán los mejores y, dependiendo del caso, el impacto que esto tendría para su vida y para los demás puede llegar a ser catastrófico. Imagina que a un niño de cinco años lo dejan en la cocina con todos los recursos necesarios para hacerse un pastel, incluyendo el horno y los cerillos para prender el gas. Ahora pídele a una persona ahorradora que ha vivido instalada en el miedo, preocupada por su futuro, que de la noche a la mañana gaste despegadamente; si primero no desarrolla la capacidad de vivir en libertad, no puede esperarse cambios sorprendentes. Pide a una persona acostumbrada a vivir endeudada que por arte de magia se acostumbre a llevar una vida con base sólo en el efectivo que tiene disponible sin volver a recurrir al crédito. ¿Qué crees que pasaría si intentaras convencer a una persona de emprender un negocio por su cuenta si ha vivido durante años creyendo que debe trabajar para alguien más?

Si estás inconforme con lo que hoy tienes y esperas una solución automática sin estar dispuesto a vivir una transformación interna, debes saber que al igual que te tomó tiempo y esfuerzo terminar donde no quieres estar, también lo tomará llegar a donde sí quieres. La riqueza y la seguridad en el futuro se crean con el tiempo, igual que la bancarrota y el endeudamiento. Procurar soluciones inmediatas y no voltear a ver a tu interior es similar a recetarte aspirinas que solo ayudarán a extender el tiempo de un problema que no se resuelve de raíz.

Hace tiempo trabajé con un equipo de arquitectos que tenían en mente poner un despacho, pero algo pasaba con su negocio que no terminaba de despegar. Estaban tan enojados unos con otros echándose la culpa de todo, que iban a abortar su sueño. Cuando comenzaron a trabajar con las emociones que los tenían tan enganchados, hubo cachetadas lágrimas y sombrerazos pues los ánimos estaban muy alebrestados.

Eventualmente llegaron a un punto donde surgió la necesidad de tomar una decisión: seguir trabajando juntos o separarse. Una de las conclusiones relevantes de esta historia es que esperar cosechas de terrenos que aún no son fértiles es prácticamente imposible, es decir, que no se puede esperar un resultado hasta que no se tenga la base adecuada para que se dé. En equipo se logra más, pero aprovechar la fuerza de un grupo no se trata solamente de comprar dos sillas adicionales sino de aprender a relacionarte productivamente con otras personas y sacar lo mejor de una sinergia, con todo lo bueno y lo malo de cada uno. En este caso, los buenos resultados vinieron cuando se desarrolló una conciencia global (al menos hasta los límites del grupo), cuando comenzaron a remar parejo y a compartir una visión, adoptando valores como la empatía y la corresponsabilidad; un cambio interno provocó un mejor resultado en el exterior.

Como introducción a tu propia psicología del dinero, te pediré que hagas el siguiente ejercicio para aclarar la relación entre tu forma de ser y los resultados financieros que obtienes.

Práctica 7. **La psicología de tus resultados financieros**
Tiempo aproximado: 10 minutos

Observa el siguiente diagrama. En la sección de la derecha verás dos recuadros. En el recuadro superior "A" deberás escribir tus tres mayores satisfacciones al día de hoy en relación al dinero, por ejemplo tener dinero ahorrado, estar tomando unas vacaciones, haber pagado un coche que hoy estás disfrutando, etc.

En el recuadro de abajo "B" deberás escribir los tres mayores conflictos a los que hoy te enfrentas en relación al dinero, por ejemplo, estar endeudado, quedarte sin dinero cada quincena, estar atorado en un empleo que no te gusta, terminar cada día con un cansancio extremo, etc.

En la línea diagonal "C" anota qué conductas han provocado los resultados del recuadro "A" y en la línea diagonal "E" las que han provocado los resultados negativos del recuadro "B". Por ejemplo, si mi resultado positivo es "tener dinero ahorrado" (A), lo que he hecho para que ese resultado se dé, ha sido

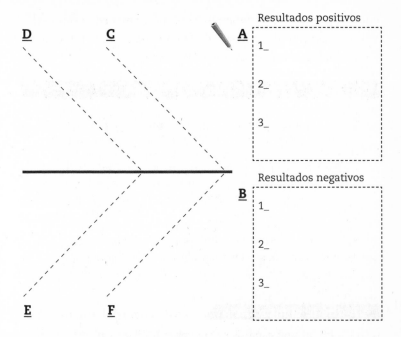

Resultados positivos

D   C   A

1_

2_

3_

Resultados negativos

B

1_

2_

3_

E   F

"depositar a fin de mes el 10% de todo el dinero que gané en una cuenta de ahorro". (C) Si mi resultado negativo es "estar endeudado" (B) lo que he hecho para que eso se dé es "haber utilizado inconscientemente mi tarjeta de crédito" (E).

Por último, escribe en las líneas diagonales "D" y "F" la característica que te define como una persona que es capaz de hacer lo que has escrito en "C" y "E". Por ejemplo, "tener dinero ahorrado porque he depositado el 10%", dice de mí que he sido una persona "disciplinada" (D). "Estar endeudado por utilizar inconscientemente mi tarjeta de crédito" dice de mí que he sido una persona "impulsiva o inconsciente" (F).

¡He aquí la clave! Los resultados que obtienes están determinados por lo que haces pero partiendo de la persona que eres. Si tienes la expectativa de tener dinero ahorrado, por ejemplo, debes hacerte de un plan, pero también debes considerar cómo vas a entrenarte para ser cada día más disciplinado. Si quieres dejar de depender de otros por dinero y ser autosuficiente tendrás que dedicarte a aquello que te represente ingresos por tu

cuenta, pero primero deberás despertar tu espíritu emprendedor. Uno no puede vivir sin el otro, los resultados financieros
y tu psicología van en la misma canasta.

• RESUMEN PARA TU EXPERIENCIA •

Tus resultados financieros son un síntoma de ti mismo. Lo
que disfrutas o sufres hoy como consecuencia de tu vida
económica está originado por las decisiones que has tomado, partiendo de tu forma de ser. Aunque así se crea, el
dinero no es la solución de fondo a los problemas, lo que
generará realmente un cambio en el comportamiento económico será tu transformación interna. Ganar más dinero
debe estar acompañado de la adquisición de conciencia,
madurez y de un crecimiento integral, al igual que de hacer que tus pesos rindan más. Finalmente, tu configuración
psicológica individual es la que te hace comportarte de una
forma determinada con el dinero.

¿A qué te comprometes?

☐ Manejaré mi dinero con mayor madurez.

☐ Haré un plan para incrementar mi inteligencia financiera de la mano con mi desarrollo humano y psicológico.

☐ Emprenderé un camino de autodescubrimiento para co-
nocerme cada día mejor.

¿Cómo llevarás tus compromisos a la práctica?

1_

2_

3_

TU EXPERIENCIA EMOCIONAL DEL DINERO

El dinero se convierte en una experiencia emocional ¿Qué emociones afectan la forma en que actúas con el dinero?

Para comprender tu programación al dinero es imprescindible considerar lo que sientes hacia él. Administrar adecuadamente el dinero requiere que seamos racionales, pero esto no significa que debamos ignorar nuestras emociones. Un estado de emocionalidad intensa puede volverte impulsivo y hacerte actuar sin juicio, cierto, pero en el fondo, las emociones son una de las particularidades que te distinguen de otras especies, dándote una experiencia humana y no hay día que no se presenten orientando tu actuar.

Fluir con las emociones puede ser benéfico al procurar salud mental y financiera. Igual que podemos malinterpretar una crisis por las vivencias desagradables que provocan, las emociones, en el terreno del dinero, llegan también a ser incomprendidas. Las emociones sirven de alarma y son el impulso que induce a la acción. Liberan energía cada que son activadas, en ellas reside una inteligencia de la que participas, que está fuera de tu control y que te ayuda a darte cuenta de situaciones que de otra forma no reconocerías. Tienen autonomía y una forma de operar.

Existen diferentes tipos de emociones y todas te vinculan a lo que te rodea. En su sentido más básico, tienen la finalidad de acercarte o alejarte de situaciones que podrían ser benéficas o perjudiciales para ti y, a menos que sufrieras de un "aplanamiento afectivo", el dinero provocará en ti emociones leves o intensas, dependiendo de tu sensibilidad, lo que te hará comportarte con él de una forma particular.

Cada caso será diferente. Derivado de nuestra naturaleza y nuestros aprendizajes seremos más propensos a un tipo de emoción que a otra, lo que hace que la programación individual al dinero sea particular. ¿Te imaginas a un melancólico persiguiendo con entusiasmo un proyecto auspicioso?, ¿a un inseguro arriesgándose a una posición de mayor jerarquía?,

¿crees posible que a un aprensivo le sea fácil dejar atrás sus deudas? o ¿a un enamoradizo rechazar una nueva oportunidad de negocio?

Una emoción produce "estados emocionales" que afectan tu estado de ánimo, con base en el cual, también actuarás de una forma determinada. Imagina lo siguiente: al sentir enojo, tu cerebro elabora componentes neuroquímicos que son integrados a todas las células de tu cuerpo "enojándolas". Cuando abusas de esta emoción o cuando te vuelves adicto a ella, no podrás pasar mucho tiempo tranquilo y feliz, antes de que las células de tu cuerpo pidan lo que les hace falta. En este caso, cualquier pretexto va a ser bueno para que te enojes, y ya sea que la vida te ponga en situaciones donde puedas evocar esa "sustancia emocional" que te hace falta o bien que no importe qué esté pasando y tú interpretes cualquier cosa como un motivo para enojarte. Igual sucedería si eres adicto a la tristeza, a la alegría, al enamoramiento, etc., y en cualquier caso utilizarás el dinero, aun inconscientemente, para envolverte en situaciones que te provoquen la emoción a la que eres más propenso.

Alguna vez conocí a una persona que era proclive a sentir miedo. Era desconfiada y estaba segura que el mundo estaba en su contra e interpretaba cualquier situación como un ataque en su perjuicio. En una ocasión, le ofrecieron la oportunidad de subir de puesto con su respectivo aumento de sueldo y, aunque aceptó la oportunidad, estaba preocupada pues desconfiaba de si su jefe, con una "malévola intención", le ofrecía el puesto para evidenciar su incapacidad para cumplir con una mayor responsabilidad. En otra ocasión, conocí a un emprendedor que era confiado y entusiasta, su lema era que "la vida siempre le proveería de todo lo que le hiciera falta", creencia que lo hacía sentirse seguro y respaldado por la providencia. Al iniciar con su primer negocio no se preocupó por mantener controladas sus cuentas y pasado un tiempo, tuvo que cerrar la empresa, pues se le acabó el dinero para soportar su operación.

Ambos casos ilustran cómo los contenidos emocionales de cada uno los orientaron a tomar decisiones y a comportarse de una forma, hasta cierto punto irracional. ¿Cómo es en tu caso? ¿Sabes cuáles de tus emociones al dinero orientan frecuentemente tu comportamiento? ¿Qué tan emocional eres manejando tu dinero?

El dinero provoca una tensión emocional
¿Cómo reaccionas a la tensión provocada por dinero?
Algo sucede con una persona justo en el momento de realizar una transacción económica, ya sea que cambie su postura corporal, su tono de voz, su actitud, la forma en que actúa o su expresión facial. Quizás voltee su cabeza, tense su espalda, dilate sus pupilas o deje de sonreír. Obsérvalo en ti, piensa en la última vez que hayas cobrado algo. ¿Cómo cobraste, con dudas y miedos o sintiéndote merecedor? Ahora piensa en la última vez que hayas pagado algo. ¿Cómo pagaste, con una sonrisa, con ansiedad y culpa de estar gastando tu dinero o pidiéndole permiso a tu cartera? Cuando el dinero entra en juego, tu forma de reaccionar revelará aspectos íntimos tuyos que reflejan la persona que eres en diversos escenarios en tu vida.

El dinero funciona como un magnificador que hace más visible y audible lo que sucede en el interior de cada uno y no se necesitan grandes cantidades de por medio para atestiguarlo. La cuenta de una comida en restaurante, por ejemplo, tan trivial como puede ser, es un circo de reacciones que se presenta en un momento decisivo. Recuerda la última vez que saliste con tu grupo de amigos o colegas para celebrar un cumpleaños. Después de comer, el mesero trae la nota y el grupo se enfrenta con el primer conflicto: quién hará las cuentas. Muchos se librarán de la responsabilidad escondiendo las manos debajo de la mesa o señalando con el dedo al de la cabecera porque ese es "el que siempre paga"; a Fernanda porque "es la más grande", a Chucho porque es "el de los números" o a Renata porque es "la que tiene para pagar lo de todos si las cuentas salen mal". Por azares del destino, imagínate que fuiste el seleccionado para desempeñar la tarea de recolectar el dinero y ahora cae sobre ti la responsabilidad de mediar el segundo conflicto: decidir si cada uno pagará lo suyo o si se dividirá el total entre todos. Después de deliberar, supongamos que acordaron dividir la cuenta y no cobrarle al del cumpleaños y cuando llega la hora de aportar, cada uno se deja ver como realmente es. Primero aparece quien evade la tensión de pagar haciéndose el desentendido hasta que le cobras directamente, otro que prefiere no meterse en problemas, te da su tarjeta de crédito y te dice que cargues lo que le corresponde sin enterarse de cuánto debe hasta que le pasas el recibo para firmar. También se presenta el que aguarda hasta el final para salir "ganón", esperando que nadie se dé cuenta que todavía falta él de pagar. Por supuesto no faltará el que dice que tiene prisa por llegar a otro lado y te deja sus cincuenta pesos que, según él, incluye sus comidas, sus bebidas, la parte proporcional de del cumpleañero y un poco más por si llegara a faltar (cantidad que obviamente ni en sueños alcanzaría para cubrir lo que pidió sólo de botana). Claro que también saldrá a cuadro el que habiendo tenido la oportunidad de sugerir que se pagara por cuentas separadas no dijo nada desde un principio y ahora te sale con que solo dará lo suficiente para pagar su consumo y por decirlo hasta el final, si ya de por sí las cuentas no cuadraban, ahora cuadrarán menos. Finalmente, para terminar y para no extender la tensión que se sigue incrementando, surgirá el salvador que dirá "yo pongo lo que hace falta".

Ahora fíjate en lo siguiente: el que huye de la tensión de pagar una cuenta de restaurante, seguramente huirá en otros escenarios de su vida, como cambiando su número de teléfono o su lugar de residencia para escapar del asedio de los cobradores a quienes les debe dinero. El que evade la tensión distorsionando su realidad, puede ser el mismo que no sabrá a ciencia cierta cuánto debe de sus tarjetas y "medio estima" que su deuda es "medio grave" y "medio solucionable" a la vez. El que niega lo que le pasa, quizás sea de los que tira en el bote de basura el estado de cuenta sin abrir, recién llegado del correo y, el que paga lo de otros, cargará en sus relaciones hasta con lo que no le toca.

¿Has visto que por esas cuentas de restaurante se han peleado amigos y familias? Conozco casos en los que se han perdido relaciones por cuentas de 200 pesos. ¡Imagínate! si esa es la forma en la que alguien reacciona por tal cantidad, ¿cómo crees que reaccionaría a la tensión provocada por 2 000, 200 000 o dos millones? Hay gente que con una mano en la cintura maneja cifras incluso más grandes en su cuenta corriente o que hace negociaciones todavía mayores sin sucumbir a la tensión. Cuando una familia o una pareja se pelea "por dinero" en realidad experimentan los efectos de una tensión; el dinero no es culpable de quienes somos en realidad.

Cuando se trata de dinero, todos tenemos un nivel de tolerancia, un rango en el que podemos manejarnos con comodidad, y un límite que, de pasarlo, se despertará la angustia y otras reacciones quizás desencajadas. De ahí que se pueda decir que existen personas "intolerantes al dinero" o, para ser más precisos, reacias a aceptar o administrar cantidades mayores a las que están acostumbradas. Si le pidiéramos a un grupo de personas que sumara todo el dinero que tiene junto con todo lo que debe, tomando el valor natural de la cantidad (sin importar si es de signo negativo o positivo), al final, tendríamos un monto diferente en cada caso. Algunos estarán en un rango de 10 000, otros de 100 000, otros de un millón y otros incluso de más. Lo que sería interesante notar es que tanto el que se mueve en un rango de millones como el que lo hace en uno de miles, vivirán por igual una tensión, cada uno a su forma.

Recuerdo a un participante de uno de mis seminarios que al realizar este ejercicio se puso de pie en medio del grupo diciendo con sorpresa: *yo estoy en un rango de 10 000 y veo que aquí hay gente de mi misma edad y mi misma situación, que maneja rangos de más de un millón. Debo una tarjeta de tres mil y siento que el mundo se me viene encima cuando se acerca la fecha de corte*, a lo que los otros participantes contestaron que ellos sentían lo mismo en sus propios rangos. Para la persona que se mueve en rangos de millones y para el que se mueve en rangos de miles, el día dura las mismas 24 horas, ambos tienen una cantidad limitada de energía que usan en una misma jornada y ambos tienen la posibilidad de decidir qué hacer con su vida. La tensión que sienten, aunque cada uno la viva a su manera, ¡es independiente de la cantidad de ceros que manejen en sus cuentas!

Compensas algo emocional con tu dinero

¿Cuáles de tus necesidades remedias con dinero?

Cuando una emoción se presenta es porque algo quiere. Todas las emociones generan una energía que debe ser liberada, o de lo contrario ésta se anudará, provocando un estancamiento y un conflicto en nuestro interior. Las emociones tienen un funcionamiento similar al de una necesidad que exige satisfacción y hasta que no sea atendida no se recuperará el equilibrio interno. Algunas veces, al no contar con recursos para reconocer cuál es la emoción que nos aborda, actuamos de formas descolocadas, llevados inconscientemente a comportarnos de maneras impensadas. Así sucede cuando el destino que le asignamos al dinero, sin darnos cuenta, compensa algo que a nuestra vida emocional le hace falta.

Si una persona no reconoce la sensación de hambre, por ejemplo, podría ir al refrigerador para buscar comida desconcertado, preguntándose por qué lo está haciendo y si hablaras con ella te contaría alarmada de lo inexplicable que es sentir un impulso que la obliga a comportarse así. Las personas podemos ser conscientes o inconscientes de nuestras motivaciones. Cuando somos conscientes, sabemos con claridad para qué estamos haciendo algo, pero sólo podemos serlo hasta cierto punto y por breves periodos de tiempo. ¿Estabas consciente de cómo es la temperatura del lugar en el que estás hasta antes de que lo mencionara? ¿Habías notado la sensación en la planta de tus pies hasta ahora que lo acabo de decir? En realidad somos conscientes de la punta del *iceberg* y no nos damos cuenta de todo lo que existe debajo de la superficie: una realidad inconsciente inmensa, más grande de lo que podemos imaginar.

Todo lo que es inconsciente influye en tu manera de ser y a veces te hace actuar de formas irracionales, que no esperarías. Conocí el caso de un señor que tenía una adicción a las apuestas y que decía estar preocupado porque estaba descuidando su negocio. Después de hacer unos ejercicios de reflexión, se dio cuenta de que la experiencia que tenía al estar apostando era la de correr el riesgo de "jugársela", que buena falta le hacía en su vida. Lo increíble de todo es que cuando se dio cuenta de esto, empezó a invertir más en su negocio; se la siguió jugando pero en la vida real y con menos riesgo. En uno de los seminarios, también conocí a un muchacho que venía de una familia humilde, que había vivido una infancia de carencias. Hoy tenía un trabajo en el que le iba bastante bien y decía que su debilidad era que alguien le pidiera prestado. Cada que alguien estiraba la mano para pedirle algo no podía decir que no, se sentía obligado a ayudar a las personas que necesitaban de él y esto ya le había provocado algunos contratiempos con algunas amistades pues no le pagaban. De pronto se dio cuenta de que al ofrecer ayuda se sentía como "el salvador que todo lo puede", cosa que lo curaba de aquél recuerdo doloroso de su infancia y que en su momento no pudo resolver.

Si tú te preocupas por hacer bien tu trabajo, ¿sabes con exactitud por qué lo haces? Supongamos que lo que te motiva es recibir reconocimiento pero no te has dado cuenta de que lo haces por eso. Si te desempeñaras en un trabajo en el que no tienes un jefe que te provea de los reforzadores suficientes, podrías cuestionarte si es el lugar en el que realmente quieres estar y en poco tiempo buscarías cambiarte con aquel que te aplauda más. ¿Lo alcanzas a ver? Cuando eres inconsciente a la razón que realmente te impulsa, corres el riesgo de hacer cosas sin saber porqué; si no es tu conciencia la que apuesta por cumplir un objetivo, es el objetivo el que te cumplirá a ti.

Comprar algo puede ser la consecuencia de una necesidad o del ánimo por darte un gusto, pero también puede ser el remedio para un malestar. Quedarte muchas horas en el trabajo puede ser resultado de tu pasión o de tu compromiso, pero también el intento de distraerte de una vida aburrida. Tener un buen puesto y ganar mucho dinero puede ser el resultado del entusiasmo por superarte y lograr metas, pero también el intento por escapar a tus ideas de inferioridad. Pagar las cuentas de otros puede ser el resultado de una obligación o de un espíritu generoso, pero también el reflejo del miedo a ser rechazado. Salir con los amigos a tomar un café puede ser el resultado del deseo de pasar un rato agradable, pero también puede ser el efecto del intento por escapar de la soledad, etc. ¿Qué podrías decir de ti? ¿Será que compensas alguna necesidad emocional con tu dinero?

Vayamos ahora a la práctica y comencemos por identificar tus emociones predominantes con respecto al dinero, con ello, te harás una idea de cómo es tu programación hacia él.

Práctica 8. **Tus emociones y el dinero**
Tiempo aproximado: 20 minutos

> De la siguiente tabla, elige de cada fila obligadamente dos estados que reflejen con mayor precisión tu vivencia actual con los temas de dinero y enciérralos en un círculo. Si en alguna fila ninguno de los estados refleja tu vivencia, escoge los dos que más se acerquen. Por ejemplo, en la primera fila encontrarás 6 estados emocionales relacionados al dinero. Si de acuerdo a tu experiencia, te sientes más abatido y alarmado, en comparación con los demás estados emocionales, esos son los que deberás circular.

Pensar hoy en dinero me hace sentir...

A	B	C	D	E	F
Arrebatado	Alegre	Abatido	Alarmado	Abominado	Apenado
Arrojado	Alentado	Abrumado	Amenazado	Aborrecido	Arrepentido
Decidido	Animado	Acongojado	Angustiado	Antipático	Atormentado
Disgustado	Atraído	Afligido	Aprensivo	Asqueado	Avergonzado
Enojado	Confiado	Apesadumbrado	Asustado	Aturdido	Condenado
Furioso	Entusiasmado	Dejado	Cauteloso	Desencantado	Culpable
Impetuoso	Estimulado	Desalentado	Congelado	Enajenado	Deshonrado
Incómodo	Eufórico	Desanimado	Consternado	Fastidiado	Desprestigiado
Indignado	Impulsado	Desolado	Desconfiado	Harto	Humillado
Insatisfecho	Inspirado	Lamentado	Miedoso	Inapetente	Indecoroso
Irritable	Optimista	Melancólico	Pesimista	Rechazado	Indigno
Osado	Pleno	Sufrido	Retraído	Rehusado	Mortificado
Resentido	Realizado	Triste	Sorprendido	Repelido	Pudoroso
Voraz	Satisfecho	Victimizado	Tímido	Saturado	Remordido

Cuenta ahora cuántos estados emocionales marcaste por columna y anota el total de cada una en la última fila.

La columna en la obtuviste el mayor puntaje, indica cuál es la emoción que define tu programación al dinero hoy en día. Ten presente que ésta, con el tiempo, puede cambiar.

Para conocer y entender más de la emoción que predomina en tu caso, revisa las interpretaciones que te doy y, para engrandecer tu experiencia, te sugiero revisar todas las descripciones y no sólo la que te corresponde.

Mayoría de puntos en la columna A: Enojo

El enojo es una emoción que te impulsa a tomar acción. Es una explosión de energía que debería acercarte a esa situación que lo provoca. Sirve principalmente para defender tus intereses, para exigir algo que esperabas o para remediar algo que no resultó como querías. Una venta que se cae puede provocarte enojo, lo mismo si el banco te cobra intereses de más, o si no obtienes los resultados que esperabas.

Corporalmente, el enojo te activa. Se incrementa la frecuencia cardiaca, se agolpa la sangre, se acrecenta la energía y te impulsa a atacar "al enemigo". ¿Cuál sería el tuyo? Aumenta la temperatura del cuerpo y puede presentarse sudoración. La gesticulación se aviva, se contraen el rostro y las sienes, la respiración se acelera, la boca se aprieta expresando ira y el tono de la voz aumenta.

Cuando el enojo es canalizado de la forma adecuada, puede convertirse en coraje y éste puede serte útil si lo aprovechas constructivamente para emprender con valor y osadía, como al invertir o iniciar un negocio. Dependiendo de qué tan capaz seas de lidiar con él, podrías aprovechar su energía para exigir a otros lo que crees que te corresponde y a mantenerte enfocado sobre un punto que quieres defender. También, el enojo puede ayudarte a cambiar tu comportamiento cuando éste no te ayuda a obtener lo que esperas.

Cuando te dejas llevar por él puedes perder la cabeza, volverte impaciente y actuar arrebatadamente sin premeditar las consecuencias de tus actos, incluso puedes volverte agresivo. Si te has habituado al enojo como tu forma predilecta de comportamiento, podrías mantenerte a la defensiva, lo que te haría propenso a irritarte con facilidad y a entrar en discusiones que quizás sean innecesarias. Algunas personas se sienten orgullosas de mostrarse a los demás con coraje, creyendo que esa es la forma en la que se ganarán su respeto, aunque esto, en realidad, lo que hará es deteriorar sus relaciones. Si tu atención se enfoca más en el exterior que en ti mismo, podrías sentir que debes obligar a alguien a que sea como tú quieres, injustamente. Incluso podrías utilizar el dinero para castigar a otros, ya sea privándolos de él o cobrándoles para resarcir sus faltas.

Si el enojo es la emoción con la que te aproximas a tu dinero, y esto ya te ha provocado problemas en el pasado, considera las siguientes ideas que podrían ayudarte a lidiar mejor con él:

- Al sentirte enojado, haz un esfuerzo por identificar, en el fondo, qué es lo que hizo específicamente que te sintieras así. Cuando lo tengas detectado, escríbelo en un papel.
- Respira profundamente, sal a caminar, toma un paseo, busca un lugar para que el aire te toque la cara y concéntrate en esa sensación.
- Toma una almohada, pégatela a la cara y grita con todas tus fuerzas. Esto te ayudará a liberar la energía sin correr el riesgo de hacerte daño a ti mismo o a los demás.

Mayoría de puntos en la columna B: Alegría

La alegría es una emoción que te anima a disfrutar lo que tienes y a sentirte satisfecho. Es una emoción que debería ayudarte a reconocer las situaciones en las que hay algo positivo para ti y acercarte a ellas. Surge cuando haces lo correcto o cuando te pasa algo bueno. Es una emoción que puede liberar una gran cantidad de energía, que queda a tu disposición para utilizarla en un sentido constructivo. Ganar dinero puede hacerte sentir alegría, lo mismo si has logrado culminar con el pago de una deuda, si has sido seleccionado para ocupar alguna posición en un empleo o como el proveedor para participar en un proyecto.

La alegría se vive como una experiencia placentera acompañada de sentimientos de bienestar. Cuando se presenta, disminuye la frecuencia cardiaca, la boca se eleva para producir una sonrisa, aumenta la actividad motora, se dilatan las pupilas y pueden presentarse risas y gritos.

No habría forma de ilusionarse con posibilidades o de soñar un mejor futuro si no se presentara la alegría. Cuando está bien enfocada, puede ayudarte a obtener gratificación de lo que te pasa, por ejemplo, a disfrutar de tu trabajo o a emprender un proyecto con entusiasmo. La alegría te ayuda a tener una vida más amena, a estar en calma, de buen humor y sin preocupaciones. Una persona alegre, por lo común, se siente motivada a compartir con los demás sus logros y espera que los demás compartan su estado de ánimo exaltado. Adicionalmente, el entusiasmo es la emoción que te hace emprender, que te hace una persona que se levanta con ánimo de sus tropiezos y que aprovecha cada oportunidad para aprender y seguir adelante en su camino.

Pero si la alegría no te deja pensar con claridad y eres propenso a perder los pies del suelo, podrías evadir la realidad con "optimismo", al minimizar la gravedad de las cosas que suceden. Habrá que cuidarse de no dejar que este estado pleno se convierta en exceso de confianza, volviéndote despreocupado y negligente. Si eres egoísta podrías carecer de empatía para reconocer que una buena noticia, cuando el que la escucha no está en un momento para soportarla, puede provocar alguna reacción inesperada. Llevado por la euforia, podrías actuar de forma impulsiva y descuidar tu presente.

Si la alegría, o la euforia, es la emoción con la que te aproximas a tu dinero, y esto ya te ha provocado problemas en el pasado, considera las siguientes ideas que podrían ayudarte a lidiar mejor con ella:

- Cuando te encuentres en un estado eufórico, no pierdas de vista que nunca habrá algo completamente bueno, ni completamente malo. No se trata de arruinar tu momento, sino de aprender a gozar de las emociones positivas equilibradamente, esto si eres propenso a perder la cabeza cuando estás en momentos de alegría exagerada.
- Para ayudarte a descargar la tensión que genera la alegría, que de no ser liberada podría convertirse en angustia; cuando la sientas, baila, corre, brinca o ríete forzadamente a carcajadas, una vez tranquilo, continúa con lo que estabas haciendo.
- Párate frente a un espejo viéndote a la cara. Exagera tus gestos, haz ruidos y adopta posiciones ridículas. Después de unos minutos verás cómo la tensión disminuye.

Mayoría de puntos en la columna C: Tristeza

La tristeza te invita a tomar una pausa, a revisar en tu interior, a depurar lo que no te sirve y a reorientar el rumbo por el que vas. Esta emoción te lleva hacia dentro, abre un canal de conexión contigo mismo para encontrar las respuestas en el alejamiento. Si has perdido una oportunidad de trabajo podrías sentir tristeza. Igual podrías sentirla si perdieras tu dinero, si tuvieras que cerrar tu negocio, o si el producto de tu trabajo no produjo el impacto que esperabas.

Con la tristeza se disminuyen significativamente la atención, la concentración y la velocidad del pensamiento. Puede alterarse el ritmo del sueño y del apetito. Algunos se muestran cansados y sin ánimo. Cuando se presenta, el espíritu decae y se incrementa la atención hacia el interior, provocando reflexión y meditación. Pueden también presentarse actitudes pesimistas y desinterés.

La tristeza se presenta cuando hay alguna pérdida material o afectiva, cuando es necesario dejar ir algo que formaba parte de tus esquemas habituales, lo que te ayudaría a reconstruirte y a reorganizar tus prioridades para seguir adelante, ya sin eso que formaba parte de tu entorno. Algo peculiar que permite la tristeza es volverte consciente de ti mismo y abrir un espacio en tu mente para hacerte preguntas trascendentales como ¿quién soy yo? o ¿de qué sirve todo lo que hago? Cuestionamientos que te ayudan a establecer un contacto profundo con tu interior. Cuando se presenta la tristeza en tu vida y te dedicas atención, puedes frenar literalmente la inercia y salir de alguna rutina que pueda tenerte atrapado. Sin embargo, cuando la tristeza se prolonga demasiado o cuando la emoción te inunda, podrías terminar alejándote de todo, incluso de situaciones que te hacen bien. Por ejemplo, podrías disminuir tu ritmo de trabajo o no trabajar en absoluto, aun cuando el dinero te haga falta. Si existe negatividad en ti, puedes llegar a volverte cruel contigo mismo y reprocharte por todo, incluso sin razón, perdiendo así la objetividad. Cuando la tristeza es provocada por un duelo que no se ha completado, podrías asumir actitudes derrotistas, creer que nada vale la pena tanto como para volverte a levantar y perder toda ilusión de soñar con una vida mejor. En otros casos podrían surgir defensas como negar que la vida ha cambiado, aunque la realidad te confirme lo contrario.

Si la tristeza es la emoción con la que te aproximas a tu dinero, y esto ya te ha provocado problemas en el pasado, considera las siguientes ideas que podrían ayudarte a lidiar mejor con ella:

- Cuando te veas abordado por la tristeza, será importante que hagas un balance. Puede ayudarte escribir acerca de lo que sientes, de lo perdido y lo ganado, y enfocar tu atención en perdonar, ya sea a ti mismo o "al que te haya abandonado".
- Cuando quieras salir de ese estado, corrige tu postura, ponte derecho y levanta la cara. Habla y busca apoyo. Recuerda momentos positivos que hayas vivido en otro momento, se consciente de tus pensamientos y como una nube en el cielo déjalos ir, no te los quedes.
- Si tu tristeza te invita a alejarte del mundo, atiéndela, hazle caso. Meterte un rato en tu incubadora puede dotarte nuevamente de fuerzas para seguir adelante.

Mayoría de puntos en la columna D: Miedo

El miedo es una emoción que te prepara para reaccionar ante un riesgo, huyendo o atacando. Se presenta como una señal de advertencia ante una amenaza potencial, ya sea real o imaginaria. Esta emoción se presentaría por ejemplo, si estás por invertir todo tu dinero en un negocio o si corres el riesgo de perder tus ahorros.

Cuando se presenta, la respiración se acelera, la frecuencia cardiaca aumenta, la sangre se agolpa hacia abajo, preparando a tus piernas para correr. Puede presentarse sudoración y una activación generalizada de tus sentidos, con lo que te vuelves más perceptivo a lo que sucede a tu alrededor.

Podrías aprovechar la energía del miedo para estar más perceptivo y atento, volviéndote más cauteloso al momento de tomar una decisión importante. Cuando esta emoción te previene de algo, podría prepararte para alejarte de riesgos potenciales, como sucedería si rechazaras la invitación a participar en un proyecto que te parece sospechoso, o a asociarte con alguien que no te da buena espina. La inseguridad de hacer algo mal, podría serte útil para dedicar más atención y empeño en algún trabajo; por ejemplo, si supieras que puedes quedar mal parado al entregar resultados deficientes quizás trabajes con mayor atención para obtener un producto de mayor calidad.

Si tu miedo es desbordado, podrías creer que todo en la vida es riesgo o ver peligros donde no los hay, lo que te haría estar a la defensiva y eventualmente paralizarte, alejándote de una buena oportunidad o haciéndote tomar decisiones con impulsividad. Si te sientes indefenso y desprotegido, el miedo podría motivarte a huir de todo de forma irracional e incluso limitar tu involucramiento con la vida. Si te dejas llevar por la negatividad y te inundas de pensamientos catastróficos podrías hacer que tu perfeccionismo no te deje descansar.

Si el miedo es la emoción con la que te aproximas a tu dinero, y esto ya te ha provocado problemas en el pasado, considera las siguientes ideas que podrían ayudarte a lidiar mejor con ella:

- Cuando sientas miedo, es importante que descubras con precisión qué es lo que lo provoca y qué es lo que temes que suceda.
- Mentalmente, en un momento de silencio, visualiza tu miedo y dale una forma y una voz, platica con él en tu interior. Pregúntale qué es lo que quiere de ti. Deja que fluyan las respuestas y posteriormente anótalas en una hoja o en un cuaderno. Practicar alguna forma de meditación o de relajación puede ser también un remedio efectivo para generar calma en tu interior.

- La única forma de librarse del miedo de hacer algo es haciéndolo. Si hay algo en tu vida que no te has animado a hacer o a probar, puedes enfrentarlo con aproximaciones sucesivas y por tiempos cada vez más prolongados.

Mayoría de puntos en la columna E: Asco

El asco te invita a alejarte de una situación que puede serte nociva y te previene de integrarlo a tu sistema. Es fácil identificarlo, es como cuando hueles la comida echada a perder, inmediatamente la empujas lejos de ti o te alejas de ella. Estados emocionales relacionados al asco, pueden presentarse en diferentes momentos de tu vida y no sólo con respecto a tu alimentación. Una actividad que has repetido durante mucho tiempo, sin variaciones, puede producirte hartazgo y un rechazo en automático cuando la oyes nombrar. También puedes haber quedado "vacunado" de una experiencia en la que fracasaste, como le sucede a los que intentaron poner un negocio o hacerse de un empleo formal, una sola vez, y no volvieron a intentarlo jamás. Algunas personas, incluso repelen el dinero, después de haber estado enajenadas o habiendo vivido experiencias desagradables con él.

El asco eleva la frecuencia cardiaca, la tensión muscular, la frecuencia respiratoria y la actividad gastrointestinal. Hace descender las comisuras de los labios y eleva las mejillas, se frunce el ceño y se eleva la barbilla.

Cuando predomina el asco en tus respuestas, de algo debes protegerte o a algo debes renunciar. Si encaminas adecuadamente esta emoción, podrás diferenciar qué es lo que te sirve de lo que no, qué es lo que te conviene dejar entrar a tu sistema y qué es mejor dejar afuera. Por ejemplo en el caso de alguien que quiere venderte una creencia que sabes que te terminará perjudicando.

Sin embargo, si te guías por las apariencias, el asco puede llenarte de prejuicios y no ayudarte a reconocer que aunque algo parezca ser lo mismo, no necesariamente lo es. Por ejemplo, si tuviste una mala experiencia con algún compañero de trabajo, podrías después sentir rechazo a trabajar con alguien más, pero eso no quiere decir que todos los colaboradores sean iguales, con seguridad habrá algunos con los que puedas tener una magnífica experiencia laboral. Si tu respuesta se generaliza, podrías decir que no a todo por igual, privándote de experiencias que podrían hacerte bien.

Si el asco es la emoción con la que te aproximas a tu dinero, y esto ya te ha provocado problemas en el pasado, considera las siguientes ideas que podrían ayudarte a lidiar mejor con ella:

- En el momento en el que se te presenta la emoción aléjate de eso que la produce y, con calma, evalúa bien si es que efectivamente se trata de algo que puede ser nocivo para ti o si son tus prejuicios los que están haciéndote reaccionar.
- Si te das cuenta que eso que rechazas ya ha entrado a tu sistema (como haber asumido una creencia que no querías tener), algo habrás de hacer para sacarla de ti. Tomar la decisión de cambiar y estar más atento al riesgo de volver a caer en el mismo descuido, te puede ayudar.
- Si te ves obligado a estar en una situación que te provoca asco, trata de participar en ella en pequeñas dosis hasta que puedas asimilarla por completo.

Mayoría de puntos en la columna F: Vergüenza

La vergüenza es una emoción que te protege, te invita a darte cuenta de tus errores y a tomar responsabilidad de tus acciones para resarcir lo que has dejado en deuda, contigo mismo o con los demás. Esta emoción se presenta cuando, por ejemplo, descubres que hay algo en ti que debes esconder. También se presenta cuando te das cuenta que le fallaste a alguien o cuando, por más que te empeñaste en hacer que algo sucediera, reconoces que fue una actitud tuya equivocada la que terminó por arruinarlo todo.

Cuando aparece la vergüenza, se enrojece el rostro, la lengua se enreda, se tensan los músculos de la espalda enconchándote o se destensan por completo disminuyendo la postura, la cabeza se inclina hacia abajo, se aumenta la sudoración y la temperatura corporal y la garganta se seca al igual que la boca. Puede provocarte confusión mental, despertar la necesidad de esconderte o dejarte sin ánimo para hacer algo por temor a que te salga mal.

Bien encaminada, la vergüenza te sirve de radar para darte cuenta de cuándo te conviene mostrarte al mundo tal como eres y cuándo será mejor resguardarte en el interior. Esta función es por mucho, subjetiva y depende de tu propia autoestima y de la cultura de la que provienes. Hay quien dice que uno debe mostrarse tal cual es en el escenario que sea, pero lo cierto es que la vergüenza es un acuerdo que asumimos para funcionar en sociedad. Puede ser un recurso útil para reconocer tus fallas y tus equivocaciones, para tomar responsabilidad del tema, asumir las consecuencias y aceptar el compromiso de no volver a repetir el mismo error.

Sin embargo, cuando la vergüenza es desmedida puede hacerte pretender que eres una persona que en realidad no eres, reprimirte o volverte juicioso y moralista por el temor a ser expuesto ante los demás. Es común que algunas personas cubran la vergüenza con enojo, aparentando ser las víctimas cuando fueron los agresores. Cuando no se maneja adecuadamente puedes sentir culpa y castigarte irracionalmente, en algunos casos malgastando tu dinero y debilitando tus finanzas o adoptando creencias que demuestren desprecio hacia ti mismo.

Si la vergüenza es la emoción con la que te aproximas a tu dinero, y esto ya te ha provocado problemas en el pasado, considera las siguientes ideas que podrían ayudarte a lidiar mejor con ella:

- Comienza por reconocer que no eres perfecto y que, como tú, ninguno otro lo es. Lo que interpretamos como defectos son simplemente aspectos de nosotros mismos que no han encontrado las condiciones para estar en paz.

- Trabaja en tu autoestima y en tu seguridad interior. La capacidad de sentir confianza para mostrarte tal cual eres debe depender de ti mismo y no de los demás.
- Si te has equivocado o le has fallado a alguien, asume las consecuencias, aprende a perdonarte y a pedir perdón, no para curarte en salud y eximir tus culpas sino para comprometerte a no volver a repetir el mismo error.

Para finalizar, escribe el estado anímico relacionado con la emoción en la que obtuviste el mayor puntaje.

• RESUMEN PARA TU EXPERIENCIA •

Cuando el dinero cae en las manos de una persona se convierte en una experiencia emocional de la que no siempre es consciente. Las emociones te ponen en contacto con una realidad temporal que interpretas de acuerdo a tu sentir. Todos tenemos un rango óptimo de tensión emocional en el que nos sentimos cómodos. Cuando este rango es mayor o menor, nuestra vida entra en conflicto. Además, tienes una predisposición a ciertas emociones dependiendo de tu caso particular, lo que te hace ver al dinero de una forma específica, ya sea que te cause enojo, alegría, tristeza, miedo, asco o vergüenza. Cada emoción te invita a algo que, hasta no atender, no te permitirá continuar tu camino con fluidez.

¿A qué te comprometes?

☐ Pensar más antes de actuar sin dejarme llevar por mis emociones.

☐ Abriré diálogo con mis emociones para saber qué quieren de mí.

☐ Aprenderé a lidiar mejor con la tensión emocional que el dinero me provoca.

¿Cómo llevarás tus compromisos a la práctica?

1_

2_

3_

TUS CREENCIAS DEL DINERO
Tus creencias anteceden a tus resultados financieros

¿Cuáles de tus creencias sobre el dinero te impulsan y cuáles te limitan?

Tus creencias orientan tu comportamiento. Son ideas tanto verdaderas como falsas, son creadas por tu mente y se refieren a interpretaciones que haces de la realidad bajo argumentos de fe, es decir, que no pueden ser comprobadas en su totalidad pero que igual asumes como ciertas y orientan tu actuación. Imagínate que eres una persona que tiene la creencia de "no ser bueno haciendo amigos en reuniones sociales". ¿Qué crees que pasará contigo la próxima vez que estés en una reunión donde tengas la posibilidad de conocer gente nueva? Independientemente de que así sea la realidad o no, tu creencia te predispondrá a actuar en línea con ella, recordándote cada vez que intentes abrir una conversación, que no eres bueno haciendo amigos.

Apliquemos esto ahora a nuestro tema. ¿Crees que para ganar dinero hay que trabajar muy duro? Si tu respuesta es afirmativa, deberías saber que, para ganar dinero tendrás que trabajar bastante, a diferencia de otros que quizás no tengan que empeñarse tanto. ¿Por qué? porque las creencias determinan el comportamiento, nos hacen percibir el mundo de una manera y nos dicen lo que es correcto y posible, con lo que se antecede a una decisión. Si tienes esta creencia, cuando te pase por enfrente la oportunidad de ganar dinero de una manera fácil, y sin tanto esfuerzo, no la reconocerás o no la entenderás como una posibilidad real, mientras que otros sí lo harán. Algo similar sucedería si tuvieras las creencias: "en cuanto tengo dinero me lo gasto" o "para salir de mis problemas económicos necesito ayuda". En el primer caso, ¿qué crees que pasará la próxima vez que tengas dinero en las manos? Tu creencia podría predisponerte a gastártelo aun cuando tengas también la posibilidad de ponerlo en una alcancía o regalarlo. En el segundo, cuando estés en un momento de dificultad, tu primera opción, de acuerdo a lo que dicta tu creencia, será pedir prestado u obtener un crédito, siendo que también podrías generar ingresos vendiendo algo.

Trabajé una vez con un emprendedor cuyos padres estaban acostumbrados a pedir prestado para solventar su vida. Cuando estaba por iniciar su primer negocio quería hacer una presentación de su idea al banco para que éste le prestara dinero, como lo había aprendido de sus padres. Pero al demostrarle que además de hacerse de una deuda, también podía hacerse de ahorros para arrancar, se sintió más atraído por la segunda opción y adoptó desde entonces la creencia: "el mejor negocio es el que se empieza desde cero", que es diferente a su creencia previa "para comenzar con un negocio, se necesita de un préstamo".

El origen de la historia financiera comienza en el entorno familiar, de donde la persona obtiene las bases de su ideología. Ahí aprende a ver la vida de una manera, a qué esperar de sí mismo, a priorizar lo que es más importante, adquiere valores y se hace ideas del trabajo y del dinero. Supongamos que un niño nace en una familia en la que se tiene la creencia "el dinero se gana sólo con el sudor de la frente", que acepta y reafirma por medio de la experiencia de ver a su padre o madre llegar agotados en la noche, así formará una conclusión en su cabeza con la que aceptará esa condición como verdad. Si además esta creencia es fomentada a lo largo de los años, tarde o temprano su idea de cómo ganarse la vida no será cuestionada y su mirada estará puesta en trabajos que le exijan "sudar para desquitar el sueldo".

Tus creencias pueden estar también relacionadas con tradiciones, incluso pueden basarse en la mentalidad de tu país y corresponder al momento histórico que te tocó vivir. Igual que se dieron aprendizajes y se desarrollaron creencias en ti, también sucedió con tus padres, que aprendieron de sus padres y así continúa la cadena hasta momentos y épocas de la vida muy diferentes a los que vives ahora. Si quieres mejorar tu relación con el dinero, éste es uno de los temas principales que debes explorar. Una persona que vivió en un momento en el que la economía era estable, en el que obtener ingresos era sencillo y se podía vivir despreocupadamente, podría haber adoptado la creencia "el dinero es para gastarlo", que es diferente a la experiencia de aquél que vivió los efectos de una crisis económica y adoptó la creencia "el dinero es para ahorrarlo", estando preocupado por su seguridad en el futuro.

Más que asumir que hay creencias buenas y creencias malas con relación al dinero, lo que en realidad sucede es que su efecto, positivo o negativo, dependerá del contexto en el que se presenten. Por ejemplo, la creencia "de la vida, el dinero es lo menos importante", puede impulsarte a no desatender las relaciones con tu familia o a evitar un conflicto potencial con tus parientes. Pero esta misma creencia, cuando atraviesas por un momento de carencias que exige de toda tu atención y empeño, no tendrá el mismo efecto. De la misma forma, la creencia "preocuparse por el dinero es perder el tiempo", tendría un efecto positivo si estuvieras tomando unas vacaciones, pero no sería así si la forma de hacerte de ingresos en tu trabajo requiere ir contra reloj.

¿Sabes cuáles son las creencias que definen tu programación al dinero? Quizás sea momento de regresar a revisar la práctica 1 que realizaste en la página 20 de este libro, en la que completaste algunas frases relacionadas al dinero. ¿Detectas en tus respuestas cómo tus creencias influyen en tu mentalidad del dinero?

Serás tan grande como tus creencias te lo permitan

¿Cómo sería la situación ideal para ti con respecto al dinero?

Hay algo curioso en el pez dorado, una especie japonesa que cuando habita en una pecera pequeña no termina de crecer a su máxima longitud posible, lo que si hace cuando está en un estanque o en un acuario. Esta especie nos revela así que se adapta al contexto y al entorno en el que vive. Es curioso hacer una analogía entre esta imagen y los seres humanos pues algo similar sucede con nosotros: si entendemos a las creencias que surgen en nuestra mente como el estanque en el que habitamos, nos desarrollaremos de un solo tamaño, dependiendo de qué tan grandes sean estas.

El agua que fluye en el cauce de un río modifica su dirección dependiendo de los obstáculos que encuentra en el camino. En algunos momentos fluye con mayor rapidez y en otros con más lentitud, incluso hay zonas en las que se estanca y otras en las que se dispersa. El dinero en la vida de una persona funciona también como un dique que define el flujo de una historia y obliga a tomar decisiones en función de sus posibilidades. Elegir la forma en la que se ganará la vida, el lugar de residencia, la escuela de los hijos, adónde ir de vacaciones, recurrir al seguro social o a un hospital privado, etc., son decisiones que tienen consecuencias. En la práctica he tenido la oportunidad de hablar con muchas personas acerca de cómo el tema del dinero ha afectado sus vidas y ha sido increíble conocer casos en los que algunos individuos, viviendo en un mundo de carencias, lograron desarrollar una gran tenacidad y el de otros que, teniéndolo todo, se quedaron estancados ante la idea de tener la vida resuelta. También conozco casos de personas que, pasando por momentos difíciles y sin dinero, se quedaron atrapadas en el orgullo, aferradas a cuando la vida era mejor, imposibilitadas de cambiar y otras que aun teniéndolo todo le han apostado a aprovechar sus recursos para vivir la vida como han querido.

Todos tenemos un pasado del que hemos aprendido. En tu historia seguro encontrarás experiencias relacionadas con el dinero, positivas y negativas, alegres y dolorosas, momentos donde el dinero fue abundante y momentos en los que lo único abundante fue la carencia, y estas experiencias dejaron huellas de las que obtuviste conclusiones que luego se convirtieron en creencias y que hoy orientan tu actuación. Por ejemplo, si pusiste un negocio en el que te fue bien, podrías tener la creencia de ser bueno haciendo negocios y cuando tengas una nueva oportunidad enfrente, tu comportamiento y actitud serán sin duda muy diferentes a las de una persona que alguna vez emprendió y fracasó.

Compara estos dos casos: el primero es el de Daniela, una niña que nació en una familia en la que el dinero no sobraba, a la que siempre se le exigió hacer lo más que pudiera y a esforzarse para obtener grandes resultados en la escuela, a tal grado que, por el promedio que tenía, consiguió una beca total. Cuando salió de la escuela entró a una buena universidad, también con beca, y hoy ocupa un puesto importante en una reconocida empresa. ¿Te imaginas cuáles serán las creencias sobre las que erigió su camino? El segundo caso es el de Susana, una niña que también nació en una circunstancia donde el dinero no sobraba, pero a ella se le frustraba cualquier intento de despuntar en comparación con sus hermanos. Si sacaba buenas calificaciones era criticada o ignorada y cuando llegó el momento de decidir entre estudiar una carrera o trabajar, optó por salirse de su casa y conseguir un empleo de poca exigencia que le diera sólo lo necesario para sobrevivir. En este caso, ¿cuáles crees que habrán sido las creencias que adoptó? ¿Qué crees tú que le haría falta a Susana para aspirar a algo mejor?

Para mejorar tus resultados financieros debes modificar tus creencias. Cuando te vuelves consciente de cómo lo que es posible para ti, está determinado por ellas, estarás un paso adelante para cambiar tu historia, en comparación con los que todavía no se han dado cuenta. Por ejemplo, si quisieras dejar de depender del crédito pero no te has dado cuenta de que adoptaste la creencia "no hay dinero que alcance", aun cuando lo intentes, tus probabilidades de hacer que tu dinero rinda más serán bajas. Si quisieras incrementar tus fuentes de ingreso, pero no eres consciente de que portas la creencia "yo no soy bueno para hacer dinero", será difícil que puedas cumplir con tu intención; podrías entonces modificar tu creencia, limitante en este caso, por otra que dijera: "soy capaz de ser exitoso en lo que emprendo".

Cuando aprendes a detectar y modificar voluntariamente tus creencias te vuelves capaz de definir el rumbo que toman tus acciones, y con ello tus resultados. Pero si no lo haces terminarás identificándote con ellas, las darás por hecho, olvidando que son una creación de tu mente ¡argumentos de fe! Cambia tu creencia y comenzarás a ver que tu comportamiento también cambia, pues por lo general, la mente aborrece las incongruencias, si eres capaz de convencerte de poder hacer algo, tu mente también se lo creerá y te hará, eventualmente, comportarte de una manera más adecuada a lo que quieres obtener.

A continuación, realizarás un ejercicio para identificar con mayor precisión cuáles de tus creencias determinan tu programación particular al dinero.

Práctica 9: **Tus creencias del dinero**
Tiempo aproximado: 20 minutos

En la siguiente tabla, escribe las principales enseñanzas, positivas y negativas, que te dejaron tu madre, tu padre y tus abuelos en cuanto al dinero.

	Aprendizajes Positivos	Aprendizajes Negativos
Lo que aprendí de mi madre acerca del dinero fue:		
Lo que aprendí de mi padre acerca del dinero fue:		
Lo que aprendí de mis abuelos acerca del dinero fue:		

De las siguientes creencias, marca aquellas que sean tuyas o que se parezcan a tu forma de pensar.

☐ Si yo gano alguien más saldrá perdiendo.	☐ Para tener dinero hay que hacer cosas que no te gustan.
☐ Si tuviera mejor suerte tendría más dinero.	☐ El que no arriesga no gana.
☐ Los que ganan más dinero son los que estudiaron más.	☐ Todos tenemos un precio.
	☐ Hoy recibo lo que merezco.
☐ Tener más de lo que necesitas no es correcto.	☐ No hay dinero suficiente para todo.
☐ Si tuviera mucho dinero haría todo lo que deseo.	☐ El dinero es la llave que abre todas las puertas.
☐ El dinero que fácil viene, fácil se va.	☐ Para ser rico hay que pagar un precio muy alto.
☐ Las personas que tienen dinero son egoístas o deshonestas.	☐ El dinero termina corrompiendo a quien lo tiene.
☐ El dinero es la raíz de todos los males.	☐ Para poder ahorrar hay que ganar mucho dinero.
☐ Es mejor si el dinero que se gasta es de alguien más.	☐ El dinero es para compartirlo.
☐ Cuentas claras, amistades largas.	☐ Las tarjetas de crédito son malas.
	☐ El dinero se va como el agua.

Ahora escribe en la siguiente tabla, cuáles de las creencias que marcaste son las tres más importantes para ti. Si lo prefieres, escribe las propias, sin utilizar las de la lista.

Las tres creencias más importantes que tengo con respecto al dinero son:

1_
....

2_
....

3_
....

En el espacio de la columna central de la siguiente tabla responde ¿en qué te ha ayudado cada una de estas 3 creencias?, y en la segunda columna ¿cómo o cuándo te han perjudicado?

Creencia	¿Cómo (o cuándo) me ha ayudado esta creencia?	¿Cómo (o cuándo) me ha perjudicado esta creencia?
1		
2		
3		

A continuación encontrarás algunas creencias impulsoras que podrían servirte para sustituir aquéllas que obstaculizan tu camino en diversas situaciones. Te pueden servir de ejemplo pero recuerda que lo más importante es que desarrolles tus propias creencias dependiendo de tu caso particular.

Cuando eres tú mismo el que impide que mejoren tus ingresos

☐ Merezco ganar y recibir lo que estoy esperando.
☐ Tengo suficientes ideas para hacer dinero.
☐ Soy capaz de cobrar un precio justo por lo que hago.
☐ Tengo lo que a los demás les hace falta.
☐ Puedo lograr lo que me propongo.

Cuando no puedes controlar tu forma de gastar

☐ Ejerzo mi derecho a ser libre y utilizo mi poder de decisión para decir que no.
☐ Sé qué es lo que quiero y soy capaz de apegarme a mi plan.
☐ Soy capaz de no gastar por esta ocasión.
☐ Realmente no lo necesito, puede esperar para después.
☐ Dejo pasar esta oportunidad esperando algo mejor.

Cuando atraviesas por una etapa económicamente difícil

☐ Creo en mí, confío en mis capacidades y talentos.
☐ Soy capaz de encontrar la solución a mis problemas.
☐ La vida tiene algo bueno para mí y se presenta de inmediato.
☐ De esta situación aprendo.
☐ Soy capaz de darme cuenta de qué es lo que la vida quiere de mí en esta situación.
☐ Puedo fortalecer el hábito del ahorro
☐ El pago que me hago a mí mismo es porque lo merezco.
☐ Soy capaz de conservar algo de dinero.
☐ Mi futuro es importante, por eso ahorraré esta cantidad por esta vez.
☐ Este dinero que no voy a gastar me ayudará a cumplir con mis propósitos más grandes.
☐ Me domino a mí mismo y destino esta cantidad para afirmarme como alguien autosuficiente.

Para no fomentar tu endeudamiento

☐ Puedo hacer las cosas por mí mismo.
☐ No necesito del dinero de los demás para resolver mi situación.
☐ Me libero de mis deudas y me quedo en paz.
☐ Soy capaz de cerrar ciclos abiertos para abrirme a otros mejores.
☐ Termino con mis deudas y paso a lo que sigue.

• RESUMEN PARA TU EXPERIENCIA •

Tus creencias originan tu comportamiento. Dependiendo de su clase, pueden ser limitantes o impulsoras. En la familia y en los contextos en los que nos desenvolvemos se originan creencias que determinan nuestra forma de actuar con el dinero, consciente e inconscientemente. Una vez que seas consciente de tus creencias, evalúa si son las más adecuadas para ti o si te limitan. Si sucede esto último, sustitúyelas voluntariamente por otras que te empoderen.

¿A qué te comprometes?

☐ Seré consciente a lo largo del día de cuáles son las creencias que se me presentan.

☐ Sustituiré aquellas que reconozca como limitantes, por otras que me impulsen.

☐ Cuestionaré y actualizaré mis creencias para quedarme con aquellas que sean positivas, con base en mi experiencia.

¿Cómo llevarás tus compromisos a la práctica?

1_

2_

3_

ACTITUDES DE ÉXITO Y FRACASO FINANCIERO

En tu actitud está la clave para alcanzar unas finanzas exitosas

¿Has pensado que si cambiaras tu actitud, cambiarían tus resultados?

Hasta este punto hemos analizado cómo tus creencias y tus emociones constituyen dos bases de tu programación al dinero ahora daremos un paso más en nuestro entendimiento de esta dinámica.

La siguiente dimensión por explorar son las actitudes respecto al dinero. Cuando unes emociones con creencias y sumas una tendencia de comportamiento, obtienes actitudes, éstas se presentan como organizaciones psicológicas bastante estables que te predisponen a actuar de alguna forma y desarrollan en ti posturas consistentes en el tiempo. En su sentido más básico, te hacen adoptar una inclinación a favor o en contra de algo. En el día a día se te presentan situaciones sobre las que debes decidir. "Lo gasto o no lo gasto, me lo compro ahora o mejor me espero, pago mi tarjeta o me voy a festejar" y, en cada una, tus actitudes te harán decidir de acuerdo a tu inclinación. Por ejemplo, si tu actitud hacia el gasto es positiva, es decir, si te sientes inclinado a gastar, gastarás. Si por el contrario es negativa, si te sientes inclinado a no gastar, no gastarás. Lo mismo sucederá cuando se trate de favorecer o limitar el ingreso, el ahorro o la deuda.

Antes de decidir, se presenta una actitud. En las actitudes encontramos un recurso que puede asegurarnos que lo que hagamos con nuestro dinero sirva efectivamente a nuestra voluntad. Previo a tomar una resolución, cuando no sepas qué hacer, primero indaga en ti mismo qué actitudes tienes en cuanto a las posibilidades en cuestión, y luego decide dependiendo de tu inclinación. Por ejemplo, si tu actitud ante la deuda es negativa, no deberías utilizar tu tarjeta de crédito, si tu actitud ante la conservación del planeta es positiva, deberías escoger productos que sean biodegradables, si tu actitud ante la seguridad de tu futuro es positiva, deberías ahorrar,

147

etc. De esta forma, estarás tomando decisiones que irán en la línea de la persona que quieres ser.

Una herramienta que puedes utilizar para que tu gasto sea congruente con tu intención es el presupuesto, que es un instrumento en el que se calcula de forma anticipada los ingresos que recibirás y los gastos que harás en el futuro. Pues bien, en las actitudes está la clave para apegarte a él. Cuando en tu presupuesto asignas anticipadamente un monto al rubro de "ropa", por ejemplo, lo que sigue es que te apegues a dicho plan y si el dinero que habías predestinado lo usaste antes del tiempo que previste, lo consecuente sería no gastar más en ropa hasta que termine el plazo. Pero para que esto sea posible, deberás desarrollar actitudes que te inclinen a gastar sólo lo que predefiniste, y a estar en contra de gastar de más.

Tus actitudes son la base de tu éxito o fracaso financiero. ¿Sabes cuáles de tus actitudes dificultan que obtengas mejores resultados? Las actitudes son recursos psicológicos indispensables para cambiar la forma en la que manejas tu dinero. Varían en función del objeto al que se dirigen. No serán las mismas cuando se trata de recibir dinero que cuando se trata de gastar, en ambos casos las creencias y las emociones despertadas derivarán en una tendencia de comportamiento diferente.

Recuerdo a un amigo que tenía una auténtica debilidad cuando se trataba de tecnología reciente. El nuevo celular, la última computadora, el último sistema de sonido, etc. Ahí se le iba prácticamente todo su dinero y el crédito de sus tarjetas. Cuando iba a comprarse algo hablaba de lo motivado y entusiasmado que se sentía al hacerlo, gastaba sin culpa y se levantaba temprano el sábado para ir a la tienda en cuanto la abrieran, en pocas palabras, sus actitudes a comprar tecnología eran positivas y lo inclinaban a favor de ello. Pero era increíble lo diferente que era escucharlo hablar cuando tenía que pagar sus deudas, muchas de ellas ocasionadas por sus compras. Cerca de la fecha de pago de su tarjeta se volvía gruñón, no salía, hablaba de lo terribles que eran los bancos cobrando intereses, de lo mal que estaba la situación económica mundial y esperaba hasta el último día a la última hora para pagar el mínimo de su tarjeta; una actitud que, a diferencia de las anteriores, lo inclinaban a no soltar su dinero.

Revisemos tu caso. ¿Eres la misma persona cuando se trata de cobrar que cuando se trata de darle dinero a alguien más? ¿Qué dirías de la persona que eres cuando prestas tu dinero y de la que eres cuando lo pides tú? Considerando tus actitudes dependiendo de si se dirigen al ingreso, al gasto, al ahorro o a la deuda, cuando las pones en la misma licuadora obtienes una tendencia de comportamiento que podría ser la base de tu fracaso o éxito financiero, entendido de la siguiente forma: el éxito financiero se fundamenta en actitudes que te ayudan a fortalecer tu situación económica, esto es, ser propenso a generar ingresos pero no a gastar, a ahorrar pero no a generar deuda. Por el contrario, el fracaso financiero se fundamenta en actitudes que debilitan tu economía, esto es, ser propenso a no generar ingresos y sí a gastar, a no ahorrar pero sí a generar deuda.

Con lo que conoces de ti hasta ahora, ¿eres capaz de decir a qué situación te han llevado tus actitudes respecto al dinero? Haremos a continuación un ejercicio de autodiagnóstico para identificar si tus actitudes te hacen propenso al éxito o al fracaso financiero.

Práctica 10: **Éxito o fracaso financiero**
Tiempo aproximado: 30 minutos

De las siguientes parejas de afirmaciones que presuponen actitudes favorecedoras o desfavorables a los ingresos. Deberás marcar alguno de los espacios de la escala del uno al diez, qué tan cerca te sientes de uno u otro extremo.

Por ejemplo, en el primer par de afirmaciones deberás identificar hacia cuál sientes una mayor inclinación. Por una parte encontrarás la frase: "Mis creencias deben perdurar en el tiempo sin cambiar", y por otra: "Debo aprender constantemente de mí mismo y los demás".

Si te sientes más inclinado a estar a favor de aprender constantemente de ti mismo y de los demás, (la segunda opción) deberás marcar un número que vaya del 6 al 10, dependiendo de qué tan arraigada sea esa actitud en ti. Si por el contrario te sientes más identificado con la primera, deberás marcar algún número del 1 al 5.

Al terminar con todas las afirmaciones, identifica cuántas marcas colocaste del lado izquierdo, cuántas del lado derecho y anota los resultados al final en los espacios en blanco.

I. Actitudes ante el ingreso

Mis creencias deben perdurar en el tiempo sin cambiar.	1 2 3 4 5 6 7 8 9 10	Debo aprender constantemente de mí mismo y de los demás.
Me siento inseguro al ponerle precio a mi trabajo.	1 2 3 4 5 6 7 8 9 10	Sé con seguridad cuánto cobrar por mi trabajo.
Abandono las actividades que exigen demasiado de mí.	1 2 3 4 5 6 7 8 9 10	Soy constante en lo que emprendo, no me rindo con facilidad.
Fracasar me hace desanimarme, a veces en exceso.	1 2 3 4 5 6 7 8 9 10	Me sobrepongo con facilidad a los fracasos.
Desconfío de ser alguien bueno para vender.	1 2 3 4 5 6 7 8 9 10	Confío en mi capacidad para convencer a otros.
No sabría qué hacer si me quedara sin dinero.	1 2 3 4 5 6 7 8 9 10	Si me quedara sin dinero sé que lo conseguiría de nuevo.
Prefiero mantenerme estable aunque gane poco.	1 2 3 4 5 6 7 8 9 10	Soy ambicioso, un objetivo cumplido es sólo el primero.
Total de respuestas del 1 al 5 (1.1)		Total de respuestas del 6 al 10 (1.2)

Revisa la lista de "tendencias psicoemocionales" que encontrarás más adelante y selecciona aquellos comportamientos a los que te sientas inclinado, o bien, los que marcaría alguien que te conoce bien. Si dicho comportamiento se presenta siempre, casi siempre, o frecuentemente deberás seleccionarlo. Si se presenta nunca, casi nunca o rara vez deberás dejar la casilla en blanco.

Por ejemplo, el primer comportamiento dice: "Soy inconstante, abandono el camino por la dificultad que representa, por desidia o pasividad." Si tú o alguien que te conoce bien podrían confirmar que eres propenso a hacer eso frecuentemente o casi siempre, deberás marcarlo.

Los comportamientos dispuestos en cada columna no son excluyentes entre uno y otro, es decir que podrías tener varios o ninguno de la columna A y varios o ninguno de la columna B.

Suma al final de cada columna el total de elementos marcados y anota los resultados en el lugar destinado para ello.

Repite los procedimientos indicados para resolver las otras tablas e identifica las tendencias psicoemocionales.

Al finalizar cada columna encontrarás un indicador de dos dígitos que te servirá de referencia para integrar tus resultados más adelante.

II. Tendencias psicoemocionales de los ingresos

Tendencias psicoemocionales que entorpecen la producción de ingresos (A)	Tendencias psicoemocionales que ayudan a producir ingresos (B)
☐ Soy inconstante, abandono el camino por las dificultades que me representa, por desidia o pasividad.	☐ Soy perseverante.
	☐ Me levanto de mis fracasos y aprendo de los errores.
☐ Minimizo el valor de mis conocimientos, habilidades o talentos. Dudo de mi propia capacidad, desconfío de mí mismo y dependo de las opiniones de los demás.	☐ Me muestro abierto a conocer formas diferentes a la mía y si me sirven las adopto a mi manera.
	☐ Soy ambicioso y tengo un deseo claro de superación.
☐ Me amoldo a otros dejando de lado mis intereses.	☐ Soy creativo, genero ideas asertivas para hacer dinero.
☐ Estoy estancado en mi zona de comodidad.	☐ Tengo una inteligencia práctica, desarrollo estrategias y las ejecuto.

☐ Carezco de un sistema de trabajo para producir ingresos.	☐ Soy capaz de traducir las características de un producto o servicio en palabras que mis clientes entiendan.
☐ Desaprovecho oportunidades que se presentan en el camino.	
☐ Sobrevaloro mis expectativas de ganancia sin tener los medios para producirlos.	☐ Genero y fomento relaciones, soy sociable y desarrollo vínculos productivos con los demás.
☐ Me he cerrado a alternativas diferentes para generar ingresos.	☐ Sé trabajar en equipo, me apoyo en las fortalezas de los demás para disminuir el efecto de mis debilidades.
☐ Disperso mi energía, atención y concentración en muchas actividades sin concretar o profundizar en una.	☐ Me pongo en movimiento, si no lo tengo: lo busco, si no lo encuentro: lo genero.
(1.3) Total actitudes que disminuyen el ingreso:	**(1.4)** Total actitudes que incrementan el ingreso:

III. Actitudes ante el gasto

El dinero debe manejarse de manera lógica y racional.	1 2 3 4 5 6 7 8 9 10	Uno debería gastar en lo que se le antoje.
Mi dinero responde a mi planeación.	1 2 3 4 5 6 7 8 9 10	Me dejo llevar fácilmente por la espontaneidad del momento.
Nunca gasto en cosas innecesarias.	1 2 3 4 5 6 7 8 9 10	A veces me hago de cosas que realmente no necesito.
Limito mis gustos cuando es necesario ahorrar.	1 2 3 4 5 6 7 8 9 10	Vivo despreocupado, sé que el dinero seguirá llegando.
Aunque quede mal con otros, no gasto si no tengo.	1 2 3 4 5 6 7 8 9 10	Gasto lo que no debería para quedar bien con otros.
Tengo un conocimiento preciso y puntual de mis finanzas.	1 2 3 4 5 6 7 8 9 10	Tiendo a desconocer mi realidad financiera.
Escatimo cada peso y centavo que gasto.	1 2 3 4 5 6 7 8 9 10	Pierdo con facilidad el valor que tiene el dinero.
Total de respuestas del 1 al 5 (2.1)		**Total de respuestas del 6 al 10 (2.2)**

IV. Tendencias psicoemocionales de los gastos

Tendencias psicoemocionales que frenan el impulso de gastar (C)	Tendencias psicoemocionales que impulsan la acción de gastar (D)
☐ Me aproximo racionalmente a mis finanzas. Manejo mi dinero desde la cabeza.	☐ Manejo mi dinero emocionalmente, me dejo llevar por las pasiones al momento de gastar.
☐ Desarrollo métodos de registro, control, autogestión y verificación de resultados.	☐ Soy propenso a las adicciones, específicamente aquellas que requieren dinero.
☐ Compro productos y servicios con base en deseos auténticos y no en estrategias de publicidad o persuasión.	☐ Carezco de propósitos claros para los que debe servir mi dinero.
☐ Soy ingenioso para resolver problemas. Me las arreglo para no tener que usar dinero o termino pagando menos.	☐ Soy desordenado en la forma de llevar mis cuentas.
☐ Me cuido a mí mismo, evalúo y sopeso las decisiones que estoy por tomar.	☐ Adquiero productos o servicios que me facilitan la vida.
☐ Tengo definidas mis prioridades y actúo diligentemente con base en ellas.	☐ Me enamoro fácilmente con productos o servicios novedosos.
☐ Soy capaz de postergar la satisfacción de mis deseos por un beneficio mayor o de más alcance.	☐ El dinero me quema en las manos.
☐ Reconozco cuando algo no vale lo que cuesta.	☐ Actúo impulsivamente llevado por el miedo o el pánico.
☐ Soy capaz de autoimponerme límites y mi voluntad es fuerte.	☐ Muestro debilidad para producir argumentos o asumir posturas en contra de la tentación de gastar.
☐ Reconozco mis posibilidades y actúo con humildad en consecuencia.	☐ Soy influenciable y proclive a ser víctima de las persuasiones de otros.
(2.3) Total actitudes que disminuyen el gasto:	(2.4) Total actitudes que incrementan el gasto:

V. Actitudes ante el ahorro

Pasan los días y sigo sin generar un patrimonio.	1 2 3 4 5 6 7 8 9 10	Voy haciendo riqueza a lo largo de los años.
Me preocupo solamente por lo que sucede en mi presente.	1 2 3 4 5 6 7 8 9 10	La seguridad en el futuro para mí es lo más importante.

Si quiero algo para lo que no me alcanza pido prestado.	1 2 3 4 5 6 7 8 9 10	Si quiero algo para lo que no me alcanza, ahorro.
Soy incongruente en mi manera de llevar mi dinero.	1 2 3 4 5 6 7 8 9 10	Actúo de manera congruente con el futuro que quiero vivir.
Prefiero acumular experiencias en el presente que postergar mi satisfacción para el futuro.	1 2 3 4 5 6 7 8 9 10	Me ocupo de hacer que mi dinero me dé rendimientos para el futuro.
No planeo mis finanzas, gasto hasta que se me acaba.	1 2 3 4 5 6 7 8 9 10	Me establezco objetivos de ahorro y los cumplo.
Sorteo las dificultades como se presentan.	1 2 3 4 5 6 7 8 9 10	Invierto mi dinero para que se multiplique.
Total de respuestas del 1 al 5 (3.1)		Total de respuestas del 6 al 10 (3.2)

VI. Tendencias psicoemocionales del ahorro

Tendencias psicoemocionales que debilitan la capacidad de ahorrar (E)	Tendencias psicoemocionales que fomentan la capacidad de ahorrar (F)
☐ No me preocupa mi futuro económico.	☐ Soy capaz de ver hacia el futuro y postergar la satisfacción inmediata de mis deseos.
☐ Tengo creencias infundadas de recibir ingresos eterna y mágicamente.	☐ Tengo desarrollada la habilidad de construir mi porvenir con base en acciones del presente.
☐ Me muestro resignado a no contar con los recursos o los medios para mejorar mi porvenir.	☐ Mantengo una actitud proactiva con el dinero, aprovecho lo que tengo a mi disposición.
☐ Muestro conductas de libertinaje, consumistas o despilfarradoras.	☐ Tengo determinación y una fuerza de voluntad desarrollada.
☐ No hay dinero que me alcance.	☐ Soy capaz de ejercer mi poder personal y actuar con diligencia y disciplina.
☐ Me dejo en último lugar, no me siento importante ni la primera prioridad.	☐ Actúo en función de mis planes. Alineo mi comportamiento con mi intención.
☐ Me muestro pasivo o desinteresado para emprender acciones que me ayuden a mejorar mi economía.	☐ Me gusta desarrollar hábitos constructivos.

□ Soy inconstante, tengo una voluntad débil, soy voluble o inestable. □ Mi enfoque económico es de corto plazo o inmediato. Tengo una visión corta.	□ Tengo la capacidad de rectificar mi comportamiento si me equivoco. □ Me asumo como una persona autónoma y autosuficiente.
(3.3) **Total actitudes que disminuyen el ahorro:**	**(3.4)** **Total actitudes que incrementan el ahorro:**

VII. Actitudes ante la deuda

Lo que empiezo lo termino.	1 2 3 4 5 6 7 8 9 10	Tiendo a dejar pendientes, no termino lo que empecé.
Vivo la vida que me puedo dar sin importarme lo que piensen los demás.	1 2 3 4 5 6 7 8 9 10	Me preocupo por demostrarle a otros lo bien que me va, aunque sea en apariencia.
Cuando tengo dificultades hago lo necesario para generar mayores ingresos.	1 2 3 4 5 6 7 8 9 10	Para salir de dificultades termino pidiendo dinero prestado o usando mis tarjetas.
Mis relaciones han sido ejemplo del desapego.	1 2 3 4 5 6 7 8 9 10	En mi historia de vida me he visto envuelto en relaciones dependientes o destructivas.
Vivo una vida libre de adicciones.	1 2 3 4 5 6 7 8 9 10	Soy propenso a las adicciones.
Palabra que doy es palabra que cumplo.	1 2 3 4 5 6 7 8 9 10	He de reconocer que no siempre cumplo con mi palabra.
Soy capaz de detenerme cuando tengo que hacerlo.	1 2 3 4 5 6 7 8 9 10	Soy una persona a la que le cuesta trabajo ponerse límites.
Total de respuestas del 1 al 5 (4.1)		Total de respuestas del 6 al 10 (4.2)

VIII. Tendencias psicoemocionales de la deuda

Tendencias psicoemocionales que previenen la adquisición de deudas (G)	Tendencias psicoemocionales que favorecen la adquisición de deudas (H)
☐ Soy capaz de terminar lo que empecé, cierro ciclos y avanzo de manera contundente paso a paso.	☐ Tiendo a engancharme con el pasado.
☐ Soy prudente en mi forma de gastar, actúo sensatamente de acuerdo a mis posibilidades.	☐ Mantengo activos problemas por orgullo o por aprensividad aunque ya podría haberlos liberado.
☐ Muestro una consistencia interna que inspira confianza en los demás, cumplo con mi palabra.	☐ Soy propenso a engañar a otros, a mentir o a utilizar máscaras para disfrazarme.
☐ Soy ordenado en la forma de llevar mis finanzas.	☐ Tengo dificultades para cumplir con mis promesas.
☐ Soy capaz de lidiar con mi frustración y planeo para el futuro lo que no puedo tener hoy.	☐ Tiendo a generar relaciones dependientes o destructivas.
☐ Soy autónomo e independiente. No necesito de otros y deseo ser libre.	☐ Dejo compromisos desatendidos sin importarme las implicaciones que esto tenga para los demás.
☐ Asumo responsablemente las consecuencias de mis actos.	☐ Busco que la satisfacción de mis deseos sea inmediata. No cuento con recursos para frenar mis impulsos.
☐ Pienso de forma realista en los problemas que enfrento y evalúo las situaciones a largo plazo.	☐ Prefiero que otros paguen por mí lo que debería ser una responsabilidad mía.
☐ Confronto mis problemas tal como están, no evado, niego o distorsiono mi realidad.	☐ Vivo con base en un estándar de vida irreal, sin los medios o los recursos para solventarlo.
(4.3) Total actitudes que disminuyen la deuda:	(4.4) Total actitudes que incrementan la deuda:

Resultados globales:

Integra tus resultados en la siguiente tabla de acuerdo a como se te indica. Verás que donde va el total de puntos, la suma se identifica con una letra, ésta te servirá de referencia para un procedimiento posterior.

Ejercicios	Puntajes totales	Total de puntos
Actitudes ante **el ingreso** y tendencias psicoemocionales (ejercicios I y II).	Suma el número de actitudes del 1 al 5 del ejercicio I (1.1) y el número de actitudes que disminuyen el ingreso del ejercicio II (1.3)	Suma (A):
	Suma el número de actitudes del 6 al 10 del ejercicio I (1.2) y el número de actitudes que incrementan el ingreso del ejercicio II (1.4)	Suma (B):
Actitudes ante **el gasto** y tendencias psicoemocionales (ejercicios III y IV).	Suma el número de actitudes del 1 al 5 del ejercicio III (2.1) y el número de actitudes que disminuyen el gasto del ejercicio IV (2.3)	Suma (C):
	Suma el número de actitudes del 6 al 10 del ejercicio III (2.2) y el número de actitudes que incrementan el gasto del ejercicio IV (2.4)	Suma (D):
Actitudes ante **el ahorro** y tendencias psicoemocionales (ejercicios V y VI).	Suma el número de actitudes del 1 al 5 del ejercicio V (3.1) y el número de actitudes que disminuyen el ahorro del ejercicio VI (3.3)	Suma (E):
	Suma el número de actitudes del 6 al 10 del ejercicio V (3.2) y el número de actitudes que incrementan el ahorro del ejercicio VI (3.4)	Suma (F):
Actitudes ante **la deuda** y tendencias psicoemocionales (ejercicios VII y VIII).	Suma el número de actitudes del 1 al 5 del ejercicio VII (4.1) y el número de actitudes que disminuyen la deuda del ejercicio VIII (4.3)	Suma (G):
	Suma el número de actitudes del 6 al 10 del ejercicio VII (4.2) y el número de actitudes que incrementan la deuda del ejercicio VIII (4.4)	Suma (H):

Acomoda los resultados obtenidos en la siguiente tabla:

Tendencias de éxito financiero:		Tendencias de fracaso financiero:	
	Puntajes totales		Puntajes totales
Incremento de los ingresos (B)		Disminución de ingresos (A)	
Incremento en el ahorro (F)		Disminución en el ahorro (E)	
Incremento del gasto (C)		Disminución del gasto (D)	
Incremento de la deuda (G)		Disminución de la deuda (H)	
Total de puntos: (2.5.1)		Total de puntos: (2.5.2)	

En esta última tabla, rellena cada espacio de abajo hacia arriba para obtener una columna iluminada dependiendo de la puntuación obtenida en la tabla anterior.

Por ejemplo, si obtuviste 57 puntos en las actitudes de éxito financiero, deberás rellenar los espacios del lado izquierdo desde el 0 hasta el límite superior de la casilla del 50 y debajo de la casilla que marca 60. Si obtuviste 40 puntos en las actitudes de fracaso financiero, deberás rellenar los espacios de la derecha desde el 0 hasta el límite superior de la casilla del 40 y debajo de la casilla que marca 50.

Éxito			Fracaso
70			70
60			60
50			50
40			40
30			30
20			20
10			10
0			0

Ahora procedamos a las interpretaciones.

Mayoría de puntos en tendencias de éxito psicofinanciero

Actitud positiva para la generación de ingresos, capacidad de controlar los gastos, una visión hacia el futuro y la preferencia por ser autónomo. ¡Se va por el buen camino! Los patrones de éxito financiero son aquellos en los que las finanzas responden a los intereses de la persona y que no necesariamente rayan en un estilo de pensamiento limitante y rígido que considera moralmente que gastar es malo. Cuando la satisfacción que se recibe de la vida y el manejo del dinero se "hablan" entre sí, la persona se sitúa en la vía hacia la realización mental y financiera. Se refleja en ella la fuerza de voluntad y se prueba que no se es presa de impulsos o emociones momentáneas. Se responde a una cuestión de hábitos y se es capaz de reconocer el valor que tiene el trabajo que se desempeña. Ahora, aunque las actitudes pueden ser hasta cierto punto predictivas del comportamiento, habrá que asegurarse que la postura reflejada encuentre la manera de aterrizarse en la realidad.

Mayoría de puntos en tendencias de fracaso psicofinanciero

Los patrones de fracaso son aquellos en los que no se asume ni si ejerce la voluntad para vivir una vida a la medida de los pensamientos y en los que no se da pie a disfrutar de la única vida que se tiene. La tendencia a gastar, no ahorrar, deber y no producir ingresos puede incluso sugerir una actitud autodestructiva o de dejamiento. Aquí se encuentran las personas que se han quedado sin los medios para generar ingresos suficientes, que se han estancado o se han divorciado de la vida y de sus reglas. Las personas en esta condición no se valen por sí mismas y emocionalmente pueden presentar cuadros de apatía, depresión o rebeldía. Estos resultados son indicativos de compulsión en el comportamiento, síntoma de las personas consumistas. Pueden encontrarse también en personas que desconocen las consecuencias e implicaciones de sus actos. Si estas personas aumentan sus deudas sin detenerse, seguirán cavando un hoyo del que será cada día más difícil salir, comprometiendo al que lo padece con trabajo futuro, una forma moderna de esclavitud.

• RESUMEN PARA TU EXPERIENCIA •

Las actitudes son las precursoras finales de tu comportamiento. Si eres capaz de modificar tus actitudes, incrementas tus probabilidades de mejorar tus resultados. La combinación de ciertas actitudes pueden fomentar o dificultar la generación de ingresos, ahorros, deudas o gastos. Dependiendo de ellas se desarrollan patrones de éxito o de fracaso financiero.

¿A qué te comprometes?

☐ Desarrollaré actitudes de éxito financiero.

☐ Emprenderé un camino de desarrollo personal para mejorar mis actitudes al dinero.

☐ Buscaré la manera de modificar positivamente mi mentalidad del dinero.

¿Cómo llevarás tus compromisos a la práctica?

1_

2_

3_

12 PERSONALIDADES DEL DINERO
Para desarrollarte existen dos maneras

¿Le das más importancia a tus debilidades o a tus fortalezas?

Para mejorar tus resultados financieros y tu experiencia del dinero debes desarrollarte tú primero y para cumplir con esto existen dos formas:

a) La vía de la superación.

b) La vía incremental.

La vía de la superación es quizás la más aceptada y se parece más al niño que pretende hacerse de un juguete y ahorra de sus domingos lo que le falta hasta que lo puede comprar. Consiste en establecerse objetivos y luego determinar acciones que ayuden a cerrar las brechas entre la situación actual y la deseada. Sin duda, es un modelo que funciona y se basa en las diferencias entre lo que se tiene y lo que se quiere. Por ejemplo, si te pusieras como objetivo ser gerente en una empresa, podrías hacer un estudio que arrojara el nivel de tu capacidad de liderazgo y, dependiendo de lo que te hiciera falta, podrías instruirte en el tema. Si quieres abrir un negocio pero no tienes experiencia, podrías estudiar algo relacionado con la dirección de empresas para llenar las lagunas de conocimientos que hay entre lo que sabes hoy y lo que necesitas saber. De acuerdo a esta vía, si quisieras mejorar tu economía, tomarías cursos para desarrollar tu inteligencia financiera.

La vía incremental, en lugar de considerar lo que hace falta, aprovecha la imaginación para sacar el máximo provecho de un talento natural, es más parecida al niño que al estar en la tienda se pregunta: ¿para qué me alcanza? En esta vía se aprovechan las fortalezas y, aunque es menos popular, también juega un papel fundamental en el crecimiento de cualquier persona. Piensa, ¿qué pasaría si en lugar de vivir tu vida con base en ideales, en otras palabras, en lo que no tienes, comenzaras a vivir con lo que sí? ¿Cómo sería tu vida si actuaras con base en tus fortalezas y no en tus debilidades? Te enfocarías en el desdoblamiento de la materia prima que posees. Por ejemplo, si te das cuenta que eres bueno organizando información, buscarás actividades que requieran de esta habilidad. La diferencia con la vía de la superación radica en que en la vía incremental, una vez hecha una evaluación de tus talentos y capacidades, debes trazar un plan adecuado a tu persona con la intención de maximizar tu potencial.

Quizás te sientas más inclinado a una forma que a la otra y será válido pues ambas dan resultados y simplemente corresponden a programaciones diferentes. Pero la pregunta importante es: ¿cuál es la que te acomoda a ti mejor? Es necesario puntualizar que habrá ocasiones en las que será necesario incorporar elementos que no tienes (vía superacional) y otras en las que deberás sacarle jugo a lo ya aprendido (vía incremental); a final de cuentas ambas se complementan y una puede servir a la otra, así que lo importante no será decir cuál es mejor sino cuidar el balance adecuado entre aprender y aprovechar.

Revisemos la siguiente información para comprender con mayor claridad cómo funciona cada aproximación:

Aproximación superacional:

- Responde a la pregunta: ¿Qué me hace falta para estar donde quiero?
- Se aprenden habilidades que antes no se poseían.
- Su enfoque es rellenar huecos y fortalecer deficiencias.
- Se basa en un análisis de diferencias entre lo que actualmente tengo y lo que quiero.
- El crecimiento interno se da por el esfuerzo aplicado para cerrar las brechas con el ideal.
- Se complementan y se suman capacidades diversas.

Aproximación incremental:

- Responde a la pregunta: ¿De qué me va a servir lo que tengo?
- Se desarrollan las fortalezas para aumentar sus efectos positivos.
- Su enfoque es germinativo y desarrollador.
- Se basa en la identificación del potencial para algo.
- Se desarrolla la habilidad para obtener mejores resultados.
- Se perfecciona lo que ya se tiene y se adquiere maestría en algo.

En tu personalidad está la clave para ganar dinero sin dificultad

¿La forma en la que obtienes tus ingresos es adecuada a tu personalidad?

Todos tenemos una forma de ser que se muestra en lo que hacemos. Si platicáramos con un amigo tuyo y le preguntáramos cómo eres, describirá algunas características positivas y negativas y hará su propia interpretación de ti. Si le preguntamos a tu familia lo mismo, hará una descripción que puede parecerse o no a lo que dijo tu amigo y si le preguntamos a las personas con las que has trabajado, también. Los puntos en común, nos ayudarían a identificar algún patrón predominante que seguramente te acompañará en escenarios diferentes de tu vida. El que es atrabancado por ejemplo, será atrabancado al comer, al bailar, al relacionarse y al gastar. El que es muy mesurado será mesurado en su comida, en sus pláticas, en sus movimientos, en sus relaciones y en sus ingresos.

A continuación encontrarás una propuesta de patrones de personalidad en relación al dinero, desarrolladas con base en teorías de personalidad diversas, arquetipos de la mitología olímpica, psicología general y en la experiencia práctica. Estoy seguro que habrá elementos de algunas de estas descripciones que te caerán como anillo al dedo y otras que no reflejarán tu personalidad. La finalidad de organizar un planteamiento así es proveerte de recursos para comprender cómo, partiendo de tus fortalezas y no de lo que te hace falta puedes desarrollar estrategias para hacerte de ingresos de una forma natural, al igual que puedes apoyarte en tus fortalezas para desempeñarte mejor en lo que haces. Sin embargo, habrá que recalcar que tu personalidad saldrá a relucir en cualquier lugar en el que estés, es sólo que si tienes la fortuna de tener un trabajo que vaya en línea con tu personalidad, serás un pez en el agua, (a diferencia de los que se sienten como peces en un sartén o en una pecera). Una persona que es sociable, que goza de estar en contacto con más personas y que es bueno para vender, por ejemplo, tendrá mayores probabilidades de triunfar profesional y personalmente en un trabajo que requiera de esas habilidades, y tendrá menos probabilidades si se dedica a revisar documentos en su computadora.

En esta sección, la práctica consistirá en comparar tu forma de ser con cada uno de los patrones al leerlos. Al finalizar cada descripción deberás marcar, en la zona indicada para ello, una calificación intuitiva, del 1 al 10 dependiendo de qué tanto reconoces lo descrito en ti. Al finalizar encontrarás una tabla que tendrá como finalidad organizar tus resultados para identificar tu patrón predominante con mayor facilidad.

Patrones de personalidad financiera

El empresario

Visionario. El empresario tiene la mira puesta siempre en la cumbre. Sabe que comenzar haciendo pepitas en la cocina de su casa será el inicio de una cadena de tiendas de botanas y golosinas en todo el país. Para él no hay empresa pequeña y es capaz de desarrollar cualquier negocio a toda su magnitud. Lo que desea lo prefiere en grande y una vez que consigue un objetivo aprovecha lo ganado para seguir creciendo y extendiendo sus fronteras en su camino hacia la cúspide. El dinero lo ve como el pilar sobre el que edifica sus intenciones y le sirve de soporte a su visión de largo plazo. Si llegara a fracasar, sus caídas serían el pretexto ideal para volver a levantarse y continuar engrandecido. Si acepta un empleo, su principal motivación será aprender cómo se hace el trabajo para después actuar a su forma. Cualquier posición desempeñada será momentánea, en vías de llegar a una de mayor jerarquía y alcance. Por otro lado, para lograr sus fines, se desenvuelve habilidosamente desarrollando alianzas con otras personas, sabe jugar sus cartas: cuándo pedir favores y cuándo cobrarlos.

Poderoso. Dada su motivación al poder, a ser autoridad y a su naturaleza independiente, prefiere ser su propio jefe u ocupar un puesto superior a los demás antes que tener que responder a otro. Su carácter dominante lo hace entender al dinero como el medio necesario para estar en control y mantenerse al mando; sabe que quien tiene los recursos toma las decisiones.

Determinado. Su carácter voluntarioso y enfocado le permite tomar acciones decisivas sin miramientos, fundamentadas en sus razones y estrategias. Si se ve en riesgo de no llegar a su meta, no duda en reaccionar enérgicamente para corregir el rumbo y perseverar en la dirección que quiere ir. Se autogobierna y no tolera estar desocupado o vagar sin rumbo. Siempre encuentra la manera de obtener lo que se propone, ya sea haciéndose de los medios necesarios, relacionándose con las personas adecuadas o desarrollando planes que incansablemente se da a la tarea de ejecutar. Logra que sus finanzas sean una extensión directa de lo que tiene pensado y si no sabe cómo hacerlo, buscará que alguien lo haga por él.

Principales características:

- Se siente motivado y atraído al poder.
- Se desempeña mejor en posiciones de mando o de dirección.
- Tiene una visión de largo alcance.
- Su voluntad es firme y decidida.
- Es capaz de aprovechar sus relaciones para traer sus objetivos a la práctica.

Grado de identificación del 1 al 10 con la forma de ser del **empresario**:

Identificación leve			Identificación moderada				Identificación intensa		
1	2	3	4	5	6	7	8	9	10

El estratega

Competidor. El estratega se siente estimulado a ser el mejor en lo que hace, como sucede con el que busca quedarse con la plaza codiciada, entrar a la empresa donde es casi imposible acceder o ganarse la cuenta importante en las licitaciones. Verá al dinero como un símbolo de triunfo que reflejará su habilidad para vencer. Su naturaleza competitiva lo impulsa en el mundo y se visualiza a sí mismo en un campo de batalla donde probarse es la proeza diaria por enfrentar, al grado que puede llegar a pensar que los medios se justifican por los fines. Además, se siente particularmente estimulado por los retos que provocan a su inteligencia.

Estratégico. Su mentalidad lo hace mover sus piezas como en un juego de ajedrez. Tanto en los negocios como en el empleo tradicional se alía con aquellos que sirven a sus intenciones así sea disimulando o aparentando cordialidad e interés. Sabe que un objetivo cumplido no es más que un triunfo obtenido en vías de ganar la guerra, no considera eventos aislados o de una sola vez. Ve a un nuevo cliente como el enlace con personas desconocidas a las que de otra manera no habría podido llegar y un proyecto ganado le significa el inicio de una relación duradera entre dos negocios. Su mirada está puesta tanto en el futuro como en el presente y se preocupa por obtener beneficios inmediatos siempre y cuando no interfieran con lo que espera en el largo plazo, en cuyo caso le dará preferencia a lo segundo.

Ejecutivo. Cuando tiene en mente un objetivo se da a la tarea de formular los métodos que luego sigue al pie de la letra y trabaja incansablemente hasta dominar la técnica para ganar la medalla. Su mayor fortaleza es su destreza práctica. Su enfoque no es nada fantasioso, es racional, y el dinero lo entiende como un recurso que debe utilizarse inteligentemente con base en un plan. Sus decisiones financieras responden a los efectos de su capacidad proyectiva y a sus estructuras previamente formuladas; cada peso que usa cumple con una finalidad mayor y rara vez se deja llevar por el impulso de gastar. Es capaz de sacrificar gustos si es necesario y su mente está siempre tres pasos adelante.

Principales características:

- Se siente motivado a ganar.
- Se desempeña mejor en escenarios competitivos.
- Su enfoque es estratégico y ejecutivo.
- Su pensamiento es analítico y se basa en su destreza práctica para obtener resultados.
- Una vez que ha identificado sus objetivos, desarrolla y ejecuta planes para alcanzarlos.

Grado de identificación del 1 al 10 con la forma de ser del **estratega**:

Identificación leve			Identificación moderada				Identificación intensa		
1	2	3	4	5	6	7	8	9	10

El cazador

Aventurero. Su mayor motivación es conquistar tierras no exploradas, haciéndolo un emprendedor natural que persigue sus sueños aunque nadie los entienda. La forma en la que maneja sus finanzas puede ser aventurada pues se adapta a cada situación como se le presenta y no tiende a preocuparse por el futuro lejano. Hace lo que tiene que hacer para llegar a sus objetivos y toma decisiones con base en su intuición, sin necesitar un análisis profundo acerca de los impactos de sus elecciones. Es arriesgado e invierte en las ideas que le convencen, sin que le importe si los demás están de acuerdo o no con él.

Autónomo. Para instalar un nuevo mueble, antes que leer las instrucciones se lanza a construirlo por él mismo. Entre sus intereses están el tomar sus propias decisiones, poner en práctica sus ideas, ser auténtico y escapar de las modas. Se resiste a seguir la corriente y difícilmente renuncia a sus ideales con la finalidad de ser aceptado por un grupo o por alguien en particular. El uso que le da al dinero va en línea con sus propios intereses y rara vez se deja ser presa de la mercadotecnia adquiriendo productos que no necesita o preocupándose por necesidades que no surgen auténticamente en él. Su autonomía es su prioridad, razón por la que trabaja bien con ayudantes que mientras menos estorben y se limiten a seguir sus instrucciones, mejor. Hace lo que quiere, es libre e independiente y reacciona escabulléndose con astucia si alguien quiere controlarlo. En los casos en los que está obligado a actuar de alguna manera, lo hace de dientes para afuera o a regañadientes siempre y cuando eso sirva para salir del paso y para que lo dejen tranquilo. Por medio del dinero afirma y fortalece su autonomía, con lo que evita depender de alguien más.

Enfocado. Conseguir lo que se propone es su principal característica. Cuando quiere algo, alinea su actuación con su objetivo. El dinero para él es un botín que hay que atrapar, su actitud es similar a la del acechador que acorrala a su presa para hacerse de ella con respuestas rápidas y acciones inmediatas. Su voluntad es fuerte y se vuelve imparable una vez que ha iniciado la marcha. Su forma de pensar es determinante y se basa en una conexión profunda y arraigada de sus instintos y sus emociones.

Principales características:

- Es autónomo e independiente.
- Se desempeña mejor trabajando solo o con ayudantes.
- Su respuesta es rápida, procede con arrojo y valor.
- Para actuar se basa en sus instintos y sus emociones.
- Se establece objetivos que sirven a su interés y hace lo necesario para conseguirlos.

Grado de identificación del 1 al 10 con la forma de ser del **cazador**:

Identificación leve			Identificación moderada				Identificación intensa		
1	2	3	4	5	6	7	8	9	10

El astuto

Sagaz. Busca sacar provecho de las situaciones en las que se encuentra y cumplir con sus propios intereses, en otras palabras, cómo salirse con la suya. Se vuelve leal a la causa y a las personas que mejor le den lo que necesita. Rara vez se compromete cabalmente con una sola cosa y se mantiene en movimiento. Estar en posiciones privilegiadas, ganar ventaja o destacar del resto, como prueba de su astucia, son algunas de sus grandes satisfacciones. Su agilidad lo hace hábil, moviéndose en contextos donde reina el caos y donde no hay orden ni estructura. No sigue un camino preestablecido. Piensa fuera de la caja y se mueve entre líneas, no se conforma con ver la realidad de una sola forma sino que todo es una cuestión de perspectiva, para él, una opinión tiene muchas aristas y una ley es interpretable.

Intermediario. El astuto es personificado típicamente como alguien con facilidad para las ventas y el comercio. Para él la vida es un mundo de oportunidades que están ahí para aprovecharlas. Disfruta de estar en el medio, entre las necesidades y sus soluciones, interconectando personas, relacionándose abiertamente, mediando, convenciendo o resolviendo malos entendidos. Es bueno negociando pues cuenta con la habilidad y la destreza para captar lo que alguien dice y luego traducirlo en palabras que expresen lo que el otro necesita, con lo que engancha fácilmente a los demás usando los modos adecuados para cada uno y cambiando de disfraz. Para el astuto el dinero es el medio para llegar a cualquier fin.

Adaptativo. Se caracteriza por tener una gran ligereza mental que le permite adaptarse a las circunstancias y reconocer oportunidades cuando se presentan. Sus mayores dones son la creatividad y el ingenio. Rara vez se le cierra el mundo y siempre tiene una alternativa o una carta que jugar. Más allá de la casualidad y de la suerte termina consiguiendo lo que todos quieren a precios mucho más bajos de lo que la mayoría paga. Si debe, irá al banco a negociar su deuda, encontrará una forma de hacer que alguien más pague por él, o propondrá una solución que convenga a todos. También sabe que el dinero puede venir de los lugares más inesperados y de las formas menos previstas. Cuando se ve corto de recursos no tardará en encontrar la forma de generarlos y terminar con su problema: puede levantarse en la mañana y organizar cualquier actividad que le produzca "dinero rápido". No le preocupa administrarse rigurosamente pues sabe que si se queda sin recursos inventará algo para llenar de nuevo su cartera. Sabe que todo hilo es factible de convertirse en hebra y detecta con facilidad nichos de mercado no atendidos para conquistarlos. Un encuentro furtivo le puede representar la oportunidad de hacer un negocio y una reunión aburrida será el escenario ideal para repartir tarjetas de presentación y detectar clientes potenciales.

Principales características:

- Se siente motivado a sacar provecho de las situaciones en las que está.

- Se desempeña mejor siendo el intermediario o el interlocutor.
- Es astuto e ingenioso.
- Se adapta con facilidad a cualquier situación.
- Detecta oportunidades y las aprovecha a su favor.

Grado de identificación del 1 al 10 con la forma de ser del **astuto**:

Identificación leve			Identificación moderada				Identificación intensa		
1	2	3	4	5	6	7	8	9	10

El vinculador

Asociativo. Su principal motivación es ligarse en dinámicas en las que corresponda y sea correspondido. Comprende al dinero como eso que une a una persona o institución con otra y lo ve como la prueba de ambas partes de querer mantener viva la relación. Su devoción le hace guardar una afición especial por aquello con lo que se enlaza e incluso puede desarrollar dependencias y abandonarse a sí mismo con tal de perpetuar el vínculo. Para él, su fuente de ingresos o sistema para generar recursos se vuelve el centro de su vida. Lo reflejan frases como "se casó con su trabajo, como si fueran marido y mujer, la esposa de la oficina, el señor o la señora de…". En los negocios, este patrón de conducta hace, de los que son dueños, personas que ven como solución a sus ventas la unión con un único cliente poderoso. Si es así, el vinculador podría estar dispuesto a proteger a su usuario, aunque éste le falle, con ideas de "al cliente lo que pida", "darle satisfacción al cliente es lo primero" o "el cliente siempre tiene la razón".

Orgulloso. Dentro de sus principales intereses se encuentran la imagen, la reputación y el prestigio. Se preocupa por preservar la fachada que muestra con orgullo a los demás, cuidando las apariencias. Por ejemplo, los proveedores que hablan de lo especiales que son por tener clientes importantes, las personas que escogen tener como pareja a alguien que ocupa una posición de poder, personas que hablan de vivir en círculos de fama o que dicen pertenecer a comunidades relevantes. Algunas personas en las que este patrón es característico, valoran a los demás por lo que tienen y buscan relacionarse con los que tienen más; en algunos casos, el dinero pueden convertirlo en un recurso de manipulación.

Tolerante. Prefiere estar acompañado por aquellos con los que ha afianzado un vínculo. Esta condición lo hace mantener relaciones a largo plazo con tenacidad y compromiso, incluso pasando por alto agresiones en su contra; por ejemplo, como sucede con alguien que desarrolla una fascinación especial por un jefe, al que defenderá hasta el final ignorando su carácter hosco, con el argumento de "entender" porqué actúa así. También se presenta este patrón en los que están inconformes con su trabajo sin estar dispuestos a renunciar al nombre de la institución o del proyecto que los viste.

Principales características:
- Se siente motivado a formar parte o vincularse.
- Se desempeña mejor ocupando posiciones que le dan prestigio.
- Es tenaz, tolerante y comprometido.
- Desarrolla relaciones a muy largo plazo.
- Soporta adversidades para cumplir sus objetivos.

Grado de identificación del 1 al 10 con la forma de ser del **vinculador**:

Identificación leve			Identificación moderada				Identificación intensa		
1	2	3	4	5	6	7	8	9	10

El creador

Creativo. Su principal motivación es crear cosas útiles y agradables para los demás, como pasa con el artista que compone una poesía, una escultura, una pintura, una pieza musical o cualquier otra obra de arte. Sus productos hablan por él pues goza de una conexión profunda con su interior y es frecuentemente azotado por la musa de la inspiración, razón por

171

la que prefiere los empleos y las tareas que le permiten ser creativo. Aquí encontramos a los que disfrutan de dedicarle muchas horas a elaborar un reporte complejo para mostrar sus resoluciones después de un riguroso análisis; a los que pasan horas diseñando una presentación; analizando e interpretando información estadística o cualitativa de la que obtendrán conclusiones reveladoras, a los que disfrutan haciendo propuestas novedosas y a los que desarrollan soluciones para un problema que nadie ha podido resolver. El reconocimiento y sentirse valorado es uno de los estímulos que más lo provocan. El dinero representa para él "los aplausos de su público", y aunque no sea siempre uno de sus principales motivadores, funciona para él como un fuerte reforzador.

Laborioso. Entiende el dinero como el resultado de su proceso creativo, en el que sostiene altos niveles de presión y concentración. La tensión provocada por su laboriosidad da como resultado la expresión de sus profundidades. No tolera dejar su trabajo incompleto y es sumamente dedicado, incluso al grado de seguir hasta haber agotado sus niveles de energía, sin importar si son altas horas de la madrugada, evidenciando que pierde noción del tiempo y de cualquier cosa que suceda en su exterior. Puede incluso pasar días de mal dormir y continuar con su tarea aun estando fatigado. De hecho puede reaccionar con verdadero enojo si a alguien se le ocurre interrumpir su proceso de concentración.

Profundo. Mantenerse ocupado le da sentido a su vida, no hace nada que le interese a la ligera y para todo cuenta con una razón de peso que reside en su interior. Es llamado coloquialmente "intenso" pues rara vez hace comentarios superficiales y en su lugar emite verdades internas que hacen que "el aire pese" cada que da su opinión. Puede amar literalmente su trabajo y disfrutar con ardor eso a lo que se dedica. Al guiarse por sus pasiones, descuida las tareas que no le gustan o que no le aportan una vivencia emocional, como son, para algunos, las labores administrativas. Este patrón le da la posibilidad a quien lo vive de apasionarse en algo, de enfocarse completamente en un tema y explorarlo hasta llegar al fondo de su esencia. Al tomar alguna decisión relacionada con sus finanzas primero deberá haber descubierto el sentido profundo y trascendental de lo que está por decidir. Si va a comprar un sillón, antes habrá de convencerse que se merece la comodidad o que tiene el derecho de gastar libremente. Si tiene una deuda, quizás tome tiempo en darse cuenta de la situación en la que está, no tomando una acción inmediata sino procesando primero lo que le está sucediendo, aunque los intereses estén creciendo día a día. Evaluará cómo es que llegó ahí y dependiendo de lo que se responda, podría ser capaz de caer en una crisis existencial.

Principales características:
- Se siente motivado a crear.
- Se desempeña mejor trabajando solo en su "laboratorio".
- Puede someterse a procesos creativos de mucha tensión.
- Sus reflexiones son profundas y sus conclusiones contundentes.
- Transforma los elementos que tiene a su disposición en algo útil para los demás.

Grado de identificación del 1 al 10 con la forma de ser del **creador**:

Identificación leve			Identificación moderada				Identificación intensa		
1	2	3	4	5	6	7	8	9	10

El conciliador

Armónico. Su principal preocupación es que reine la armonía, la tranquilidad y la paz en donde esté. Cuando forma parte de un equipo de trabajo su prioridad será hacer que la convivencia entre todas las personas sea sana. Prefiere no entrometerse en dramas, ir en contra de lo que dicen los demás o iniciar discusiones para dejar claro su punto de vista. Ocupar posiciones de liderazgo donde se vuelva el centro de atención no figura como una motivación principal; en su lugar prefiere mantenerse debajo del radar y ser invisible para los demás. Si el dinero le representa un motivo de conflicto, evitará hablar del tema para no generar discusiones o evidenciar diferencias. Goza la vida con lo poco o con lo mucho que tiene pues no necesita de gran cosa para pasar un rato agradable ni para mantenerse entretenido.

Ordenado. Busca apegarse a procesos y normas siguiendo un orden estructurado que promueva el equilibrio. El dinero para él toma la forma de un elemento sagrado, valioso y que debe utilizarse mesuradamente, puede también ser visto como una dádiva o una ofrenda que debe ser manejada con conciencia. Para él, es éste el elemento que traerá balance y tranquilidad a su vida y será visto en su justa dimensión, no como un objeto codiciable sino como la solución a sus necesidades no cubiertas, dándose por satisfecho sólo con lo que le es necesario. No tolera tener unas finanzas desordenadas, piensa que cualquier deuda debe ser pagada a tiempo y rara vez cumplirá tarde con sus compromisos. Asume que los ingresos deben ser obtenidos de manera sistemática, legal y estructurada; los gastos, mesurados y, si invierte, lo hará de manera segura sin correr riesgos. Vigila con especial atención que sus cuentas cuadren y que tengan consistencia. Si lleva las finanzas de alguien más, será la persona en las que más se podrá confiar pues sabrá con precisión y exactitud dónde está, de dónde vino y adónde se fue el dinero.

Tenaz. Siente un gusto especial por deshacer nudos y cuenta con una enorme resignación para hacerlo sin prisas. Se dedica a trabajar sin resistencia, disfruta cada tarea como una meditación en movimiento y puede dedicarse a una actividad durante horas, días, semanas, meses o años de forma sistemática sin protestar ni detenerse. Centavo a centavo es capaz de juntar miles al finalizar el año. El ahorro se vuelve una actividad diaria y repetitiva que a su vez se convierte en un objetivo en sí mismo y no necesariamente en un medio para alcanzar un fin.

Principales características:

- Se siente motivado al orden y a la armonía.
- Se desempeña mejor si no corre contra el reloj.
- Es paciente y constante.
- Es dedicado y sereno.
- Cuando tiene un objetivo trabaja tenazmente poco a poco hasta lograrlo.

Grado de identificación del 1 al 10 con la forma de ser del **conciliador**:

Identificación leve			Identificación moderada				Identificación intensa		
1	2	3	4	5	6	7	8	9	10

El apasionado

Fantasioso. El apasionado sueña y crea mundos fantásticos que se encuentran en potencia. Se llena de vitalidad cuando cree que algo puede pasar y se emociona por lo que todavía no posee. La idea con la que se engancha la vuelve su religión, se olvida de evaluar si tiene el tiempo disponible para llevarla a cabo y trabaja en ella hasta que le aburra o encuentre algo mejor que hacer. En su caso, el dinero puede convertirse en un gran estimulador y anhelarse como si se tratara de celebrar una cita con el amado perdido. Hace cuentas fantasiosas en su cabeza y se imagina lo que podría disfrutar al ganar mucho dinero pero, en su apasionamiento intenso, se olvida de hacer algo para que las posibilidades se vuelvan una realidad.

Enamoradizo. Le gusta adquirir cosas nuevas, más que por su utilidad, por la emoción de tenerlas en su poder. Le encanta ser el primero en probar algo que después se volverá una moda para los demás, aunque el costo que haya pagado sea más elevado al que sería si hubiera esperado un tiempo. En algunos casos, su deseo por adquirir lo nuevo lo hace comprar compulsivamente artículos que al poco tiempo se vuelven aburridos y obsoletos, dejando nuevamente un hueco que querrá llenar en poco tiempo. Así, el dinero pierde su valor objetivo, y una vez que recupera la conciencia puede arrepentirse por haber actuado impulsivamente. Está acostumbrado a obtener lo que quiere y no tolera que le sea negado lo que desea, cuando esto sucede puede reaccionar de manera vengativa en contra de los que designa como responsables de su frustración. Se siente atraído a cualquier posibilidad de ganar dinero, sea participando en un proyecto, en un empleo, en una inversión o en un nuevo negocio. No se caracteriza por seguir una misma línea o echar raíces sino que prefiere seguir sus pasiones conforme se vayan presentando.

Entusiasta. Muestra un gran entusiasmo en todo lo que hace, busca encontrarse con lo nuevo y evocar emociones como las que se presentan al filo de salir al escenario, asistir a una primera cita con alguien que acaba de conocer o cualquier otra vivencia que provoque la liberación de endorfinas; es más proclive a sentirse motivado por la adquisición de placer que por evitar el dolor. Se aburre rápidamente de la monotonía y, cuando esto sucede, no tarda en dejar sus costumbres para darle la vuelta a su situación y maravillarse nuevamente por algo que despierte su pasión. Su gran entusiasmo contagia a otros y dispara sus expectativas, por lo que es hábil en la presentación de ideas de negocio, de nuevos productos o de iniciativas recientes.

Principales características:
- Se siente motivado a soñar e ilusionarse.
- Se desempeña mejor participando en los inicios cuando algo le atrae.
- Es entusiasta y ardoroso.
- Piensa con base en el potencial de algo y no en sus limitaciones.
- Cuando quiere algo se deja llevar con desenfreno.

Grado de identificación del 1 al 10 con la forma de ser del **apasionado**:

Identificación leve			Identificación moderada				Identificación intensa		
1	2	3	4	5	6	7	8	9	10

El misionario

Trascendente. El misionario se siente motivado a seguir la voluntad de aquellos a quienes considera como su autoridad, sean los jefes, los padres o algún mandato de orden superior. Es un leal y fiel partidario de los dogmas, valores y preceptos a los que sirve. Trabaja para cumplir con las misiones que cree tener en la vida y con los planes a los que se siente comprometido. Cuando está iniciando un negocio, se asegura de tener a todos trabajando en la misma línea, reflejando que tiene puesto el pensamiento en el futuro y que se preocupa por dejar un legado que trascienda. Busca que sus instrucciones sean claras para que se apliquen incluso en su ausencia.

Justo. Para él, cualquier individuo debe proceder con sensatez y pensando siempre en el bien común. Cree que las sugerencias y las recomendaciones de otras personas deben ser sopesadas y comprobadas por sí mismo antes de aceptarlas o adoptarlas como suyas. Es un jugador equitativo y sabe que cambiar las reglas a la mitad de una contienda no es justo. El dinero lo ve en su justa dimensión y lo entiende como un recurso para utilizarse en beneficio de un bien superior, como son sus planes del futuro o el apoyo a una causa. Rechaza el libertinaje y el gasto sin sentido derivado de su entendimiento progresista y de los esquemas morales que ha desarrollado para sí mismo y que espera que los demás sigan junto con él. En el terreno de las finanzas se comporta de una manera similar siendo cuidadoso de no quedarse sin dinero y de tener ahorros destinados para cosas en específico, por ejemplo para los imprevistos o para las vacaciones.

Intelectual. Encuentra una fascinación especial en conocer y saber más de todo. Valora la inteligencia y la razón por encima de lo demás, es intelectual por naturaleza y opera de manera racional, lógica y sistemática. No se deja llevar por los impulsos sino por las evidencias concretas que tiene de que algo efectivamente funciona. La claridad de su pensamiento y su enfoque teórico lo hacen una persona brillante, es preciso al hacer observaciones y prefiere las conversaciones elevadas a las triviales. Una plática de dificultades financieras la convierte en una discusión de temas económicos o sociales; sabe debatir y se vuelve obstinado en sus pensamientos y opiniones bien fundamentadas. Para administrar mejor sus finanzas no hace nada basado en corazonadas, primero estudia libros de contabilidad o finanzas personales, toma clases y luego, ya sintiéndose seguro, procederá con la aplicación de sus nuevos conocimientos. Encuentra la manera de obtener dinero por el conocimiento que tiene acumulado del cual siente tener licencia para cobrar. Para él los conocimientos, como los títulos y los reconocimientos oficiales son igual de importantes, y asevera que la credibilidad de alguien recae en sus credenciales.

Principales características:

- Se siente motivado a trascender y a contribuir dejando legados.
- Se desempeña mejor cuando sigue mandatos propios o de sus autoridades.
- Tiene una conciencia global y se preocupa por el bien común.
- Es protocolario, legalista y recto.
- Para cumplir con un objetivo desarrolla métodos, reglamentos y procedimientos que perduren para las siguientes ocasiones.

Grado de identificación del 1 al 10 con la forma de ser del **misionario**:

Identificación leve			Identificación moderada				Identificación intensa		
1	2	3	4	5	6	7	8	9	10

El combatiente

Activo. Su principal motivación, simple y directa, es tomar acción y estar en movimiento, funciona mejor en carreras cortas y con la mirada puesta en el ahora. Se siente estimulado cuando se le plantea un reto en el que deberá ponerse a prueba, aunque no se preocupe por el resultado final. Le gusta ganar y se bate en duelo apoyándose en su esfuerzo y trabajo dedicado. Su determinación hace que las cosas pasen, carece de miedo, desidia o pudor cuando de lograr se trata, su determinación le permite llegar a donde quiere sin miramientos y consigue sus objetivos a como dé lugar. El dinero lo ve como el pago por un trabajo y toma la forma de una retribución por la actividad desempeñada. Para ganarlo se basa en el mundo del actuar; no es alguien que pierda tiempo desarrollando estrategias inútiles y complicadas sino que toma una rápida respuesta en consecuencia a su necesidad. En los negocios es el tipo de empresario que aun no teniendo todo el conocimiento o el producto terminado se avienta al ruedo y vende lo poco o mucho que tenga consigo en el momento.

Enérgico. En su naturaleza se encuentra la fuerza necesaria para dar un paso y luego otro hasta llegar a mil. Es capaz de iniciar con un impulso enérgico aunque no tenga claro qué es lo que está buscando e incluso sin tener el dominio de la actividad que está por realizar. Es un trabajador de mucho aguante y no se detiene por el clima, la pereza o la pasividad; cada obstáculo lo supera por medio de la aplicación de fuerza, voluntad y disciplina. Trabaja incansablemente aunque no tenga claridad del avance que lleva o si está siguiendo la mejor estrategia que podría.

Reactivo. Por su naturaleza no se siente preocupado por cómo administrarse mejor, obtener rendimientos de su dinero o revisar las mejores opciones, sino que hace lo que de forma inmediata se ha de hacer. Como es proclive a actuar antes de pensar, puede enredarse en conflictos y problemas derivados de no premeditar las consecuencias. Se basa en sus instintos, su carácter visceral y su emocionalidad más que en procedimientos analíticos. Prever no está en su lista de actividades, está tan presente en el aquí y en el ahora que incluso podría gastarse sus recursos en segundos. La gran cantidad de energía que posee puede volverlo agresivo y temerario. Cuando obtiene resultados negativos o indeseados, es normal que no reflexione sobre su comportamiento y sea propenso a recaer en las mismas situaciones.

Principales características:

- Se siente motivado a la acción.
- Se desempeña mejor en tareas de corto alcance.
- Su conciencia se basa en el presente y en el plazo inmediato.
- Es capaz de emprender una reacción enérgica cuando se decide a hacerlo.
- Para cumplir sus objetivos actúa con ímpetu aun sin comprender bien cuál es la ruta a seguir o qué estrategia funcionará mejor.

Grado de identificación del 1 al 10 con la forma de ser del **combatiente**:

Identificación leve			Identificación moderada				Identificación intensa		
1	2	3	4	5	6	7	8	9	10

El generador

Generoso. Su principal motivación es ser y hacer para los demás dándose abierta, entregada y generosamente. No escatima en hacer o dar lo que sea necesario para asegurar el desarrollo de aquellos que considera que están bajo su responsabilidad. Se siente completo cuando instruye, cuida o nutre, con recursos y atención a otros. Aparece su gran debilidad cuando alguien necesita de él, particularmente si le guarda cariño o afecto especial. Cree que "el dinero es para compartir" y que es lo menos importante cuando se trata del bienestar de aquellos por los que se preocupa.

Generativo. Tiene una conciencia abundante y es capaz de hacer que una hogaza de pan se convierta en un banquete, una tarea en un sistema de trabajo, una visión en una empresa y una intención en una institución de alcances increíbles. Cualquier cosa que toca se multiplica y toma grandes extensiones. Al generador conviene que le dejemos la responsabilidad de desarrollar una idea hasta que dé sus resultados y sea auto-sustentable. El dinero para él es un símbolo de cosecha derivado de su esfuerzo y la base para alimentar el crecimiento de aquello de lo que se hace cargo; haga lo que haga con él evitará a toda costa que sea desperdiciado o mal utilizado, sobre todo si esto amenaza la supervivencia de eso (o aquellos) de lo(s) que se responsabiliza. Por otro lado, pensará en cómo hacer crecer su dinero ya sea invirtiéndolo o aprovechándolo para obtener mayores beneficios.

Incubador. Hace crecer, desarrolla y ayuda a que prospere el objeto de su atención, sean personas o negocios, de hecho se expresa de sus proyectos como si hablara de sus hijos o sus retoños. Sus cualidades principales son la obstinación, la perseverancia y la paciencia. Sabe que las cosas no estarán listas hasta que lo estén y que el tiempo juega un papel importante en el desarrollo natural de todo. Al cliente y a la fuente de ingresos los ve como un proceso más que como un objetivo inmediato, al igual que a los resultados que espera de otras personas; es especialista en incubar y sabe que para que prospere un plan se necesita de atención y cuidados. Si está a cargo de un proyecto que se derrumba, hará lo necesario para no dejar que colapse en sus manos. Por otro lado, puede también tener pensamientos como "sólo yo lo puedo hacer" o "nadie lo va a hacer mejor que yo". Paradójicamente, este enfoque puede originar dependencias hacia él e imposibilitar la autonomía de lo que con tanto empeño intenta hacer crecer o atascarlo en tareas y responsabilidades.

Principales características:

- Se siente motivado a dar abierta y generosamente.
- Se desempeña mejor en funciones que tienen como objetivo desarrollar proyectos o personas.
- Es procreativo y propagativo.
- Es perseverante y enfocado.
- Desarrolla sus objetivos con base en su atención, cuidado y dedicación.

Grado de identificación del 1 al 10 con la forma de ser del **generador**:

Identificación leve			Identificación moderada				Identificación intensa		
1	2	3	4	5	6	7	8	9	10

El insaciable

Impulsivo. Es característico de este patrón la prevalencia de las emociones por encima de la razón y la sensatez. Frecuentemente, el insaciable es poseído por sus susceptibilidades y actúa con base en ellas impulsivamente, lo que lo hace inmiscuirse en conflictos con los demás. Cuando se le provoca reacciona de forma brutal y con mucha intensidad, demostrando el gran poder que reside en su interior. Sus respuestas son rápidas y totales, actúa sin pensar lo suficiente y hasta sin pensar en absoluto. Cuando compite con otros, al no mostrarse preocupado por desarrollar estrategias sino por actuar visceralmente, es propenso a perder.

Posesivo. Su principal motivación es la de poseer a toda costa. El deseo es su gasolina y pierde el juicio cuando quiere algo, en cuyo caso superará cualquier obstáculo sin darse cuenta de los problemas en los que se está metiendo. El patrón se activa en un comprador compulsivo o en alguien que sufre de alguna adicción, sin mayor remedio que dejarse llevar por lo que sus emociones mandan. Es celoso y egoísta, el triunfo de otro es el detonador que lo pone en marcha para hacerse de uno igual ya sea arrebatándoselo o consiguiéndolo por otro lado. Ve al dinero como un tesoro que hay que poseer y resguardar, aunque sea capaz de gastarlo sin miramientos al sentir el deseo de obtener. Cuando no consigue lo que quiere entra en un estado de profunda frustración y se aísla del mundo para quedar encerrado en sus adentros durante días o semanas hasta que tenga que salir a respirar. Apostando se juega el todo por el todo, no tolera las medias tintas o las medias victorias. Terminar en segundo lugar le representará lo mismo que no haber ganado nada, mostrándose, ante los ojos de algunos, malagradecido y soberbio.

Temperamental. Su carácter es intempestivo y puede ser en un momento calmo y pacífico pero en otro una tormenta desastrosa. El enojo es su herramienta principal de interacción con el mundo y con los demás, su mal carácter lo hace ser una persona difícil de soportar por el temor y la tensión que provoca a su alrededor. Su emocionalidad termina por ahogar al incauto volviéndolo un muñeco de trapo de su voluntad. En las negociaciones es el que, al no llegar a un acuerdo, se sale de la sala haciendo una pataleta. Puede llegar a ser vengativo al grado de jugarse el trabajo, la integración de un equipo, los mismos resultados o los proyectos en los que participa sin darse cuenta hasta que haya cumplido su objetivo o fracasado en el intento. Sus reacciones desproporcionadas lo vuelven violento y con facilidad se sale de sus casillas sin reparar en hacérselo saber a los demás.

Principales características:

- Cualquier deseo lo motiva con apetencia.
- Trabaja mejor en situaciones en las que puede obtener grandes ganancias.
- Es totalitario y emocionalmente acaudalado.
- Es ambicioso, pretencioso e insaciable.
- Se lanza vorazmente hasta obtener lo que quiere aunque se frustra con facilidad.

Grado de identificación del 1 al 10 con la forma de ser del **insaciable**:

Identificación leve			Identificación moderada				Identificación intensa		
1	2	3	4	5	6	7	8	9	10

Práctica 11: **Tu patrón de personalidad con el dinero**
Tiempo aproximado: 10 minutos

Vacía en la tabla de abajo la evaluación que hiciste de cada patrón dependiendo de tu grado de identificación con ellos.

Escribe el número de grado de identificación (1-10) que marcaste en cada forma de ser descrita en las páginas anteriores.

En la columna "Orden" deberás asignarles lugares del 1 al 12, como si fuera una tabla de posiciones, a cada uno de los patrones dependiendo de sus puntajes. El primer lugar lo deberá tener el de mayor puntaje y el último el que haya obtenido menos de todos. En los casos en los que se repitan los puntajes, deberás escoger cuál de ellos es el que más se acerca a tu forma de ser o consultar con personas que te conocen bien para que te den una opinión.

Nombre del patrón	Puntaje de identificación	Orden (Del 1 al 12)
El empresario		
El estratega		
El cazador		
El astuto		
El vinculador		
El creador		
El conciliador		
El apasionado		
El misionario		
El combatiente		
El generador		
El insaciable		

Anota en orden tus tres patrones de personalidad predominantes con el dinero, es decir, los de mayor puntaje.

1_
_____

2_
_____

3_
_____

Aunque seguro tendrás un poco de todos los patrones, es importante reconocer que hay algunos naturales y otros aprendidos. Es decir, por un lado detectarás que ciertas formas de ser estarán más presentes que otras y que te proveerán de recursos para utilizarlos sin mayor complicación, pero también existen patrones que te han servido para acomodarte mejor en el mundo. Por ejemplo, si tu patrón es de naturaleza emocional (como el insaciable), quizás hayas tenido que desarrollar algún otro más racional (como el misionario) para darte a entender mejor con los demás. En este mismo nivel encontramos los patrones que han sido aprendidos con la intención de cumplir retos que se te han presentado en el camino, por ejemplo, un creador, cuya fortaleza es el desarrollo de propuestas innovadoras, como dueño de un negocio quizás deba desarrollar su patrón de astucia para ser más efectivo en sus ventas si opta por la vía de la superación, o podría también hacerse de las personas que lo ayuden a complementar sus debilidades, en este caso contratando vendedores o asistentes comerciales.

Una misma persona puede y debe aprender a dar respuestas diferentes dependiendo de la exigencia que tenga enfrente hasta donde lo permitan sus posibilidades. Por ejemplo, si fueras a vender, no te ayudaría mucho pensar como el conciliador y si fueras a hacer cuentas o administrar tus finanzas, no te ayudaría meterte en el papel de astuto pues lo que requieres es de orden y control. Cada situación que procuramos nos plantea un reto diferente y requiere una respuesta asertiva si se espera sacar el mejor provecho de cada momento.

A continuación revisa las siguientes sugerencias de escenarios productivos de acuerdo a tus resultados. Recuerda que son ideas para despertar tu imaginación y que bien podrías complementar con las tuyas.

El empresario

- Ocupar posiciones jerárquicas altas en una organización.
- Ser dueño o director de un negocio o empresa.
- Ocupar cargos públicos de gran responsabilidad y alcance.
- Ser la cabeza de proyectos de gran impacto.
- Ser el presidente de una sociedad.
- Dedicarse a la consultoría.
- Desarrollar ideas de negocio.

El estratega

- Coordinar proyectos complejos.
- Emplearse en una empresa en la que se pueda ir escalando posiciones con base en sus resultados y estrategias.
- Ocupar gerencias u otras posiciones de mando.
- Relaciones públicas y ventas de alto nivel.
- Dedicarse a la investigación.
- Participar en áreas de planeación estratégica o financiera.
- Ser el asistente o el asesor personal de posiciones jerárquicamente altas.

El cazador

- Emprender una idea de negocio que responda a la visión e interés personal.
- Incursionar en nichos de mercado no explorados.
- Dedicarse a la investigación de mercados o al desarrollo de nuevos productos.
- Representar causas diversas o de grupos minoritarios.
- Ser un autoempleado con ayudantes (antes que con socios).
- Dedicarse a entornos productivos que permitan libertad de decisión.
- Participar en áreas comerciales o en la captación de nuevos clientes.

El astuto

- Dedicarse a las ventas y al comercio.
- Participar activamente en negociaciones.
- Captar clientes en un mercado competitivo.
- Ocupar posiciones de mediación de conflictos e interlocución.
- Ser un intérprete, embajador, mensajero o diplomático.
- Dedicarse a negocios de intermediación.
- Participar en relaciones públicas y cargos de representación.

El vinculador

- En los negocios, ser el proveedor único de un solo cliente.
- Ocupar posiciones asistenciales y de apoyo.
- Trabajar en áreas de servicio y relación con clientes.

- Ocupar posiciones que impliquen sacrificio por el bien del otro, confidencialidad o lealtad al superior.
- Ser el ejecutivo de cuenta de un cliente especial y exigente.
- Ser el asistente personal de una celebridad o personalidad importante (aunque sea de forma local).

El creador

- Dedicarse a oficios relacionados con el arte, como la escultura, la pintura, la escritura, la música, etc.
- Participar en cualquier trabajo o proceso que requiera de creatividad.
- Dedicarse a publicidad, diseño gráfico, diseño web, etc.
- Desarrollar propuestas específicas para atender necesidades únicas al estilo de una consultoría.
- Desarrollar o hacer cosas útiles y agradables para los demás y luego conseguir ayuda para venderlas.
- Ocuparse de patentes y derechos de autor.
- Resolver problemas complejos que requieran de mucho análisis y concentración.

El conciliador

- Ocupar posiciones que impliquen seguir métodos o procesos ya creados.
- Desempeñarse en trabajos en los que no se tenga que correr contra el reloj y que en su lugar se requiera de paciencia.
- Dedicarse a la contabilidad, al control de inventarios o al arreglo de bases de datos.
- Enfocarse en actividades sistemáticas, mecánicas y repetitivas.
- Desempeñar posiciones de auditoría, control financiero o de información.
- Participar en reorganizaciones o reingeniería de procesos.
- Ocupar posiciones que no requieran de confrontaciones directas.

El apasionado

- Participar en el inicio de nuevos negocios, en especial en el proceso creativo para definir una visión.

- Captar a nuevos clientes o inversionistas para una organización naciente.
- Desempeñar actividades que enganchen emocionalmente, las tareas rutinarias lo terminarían aburriendo.
- Trabajos que requieran de creatividad.
- Participar en procesos para establecer una visión a largo plazo partiendo de la potencialidad de algo.
- Involucrarse de preferencia en actividades que no requieran control, planeación o un pensamiento realista y objetivo.

El misionario

- Buscar negocios o empresas que sirvan a una causa.
- Ser el segundo de abordo, un asistente personal o funcionar como un escribano.
- Desarrollar políticas, procesos y procedimientos.
- Dar clases con la finalidad de instruir a otros.
- Llevar el papel de secretario en una junta de socios.
- Realizar investigaciones científicas para aportar observaciones y conclusiones.
- Hacer algo para dejar un legado constructivo a la posteridad.

El combatiente

- Realizar cualquier actividad de corto alcance con un principio y un final (100 metros planos en lugar de un maratón).
- Preferir actividades que deriven en ingresos lineales o multiplicados, "un trabajo a cambio de un pago, una venta por una comisión".
- Desempeñar trabajos que requieran fuerza física, tenacidad, perseverancia, voluntad o determinación.
- Ocuparse de ventas de cambaceo o por volumen.
- Realizar actividades que no exijan un análisis complejo.
- Ayudar a los otros a hacer lo que no quieren hacer y cobrar una comisión.

El generador

- Ocupar posiciones en las que se tenga responsabilidad sobre otros.

- Realizar negocios o proyectos nacientes que requieran de tenacidad, atención y dedicación.
- Dedicarse a la docencia, educación o formación de grupos y personas.
- Desarrollar o incubar un proyecto o una idea.
- Ocupar cargos de jerarquía de nivel medio como gerencias, jefaturas y supervisiones.
- Trabajar en posiciones que tengan que ver con el desarrollo y la retención de clientes.

El insaciable

- Ocupar puestos de dirección o con personal a cargo.
- Dedicarse a cualquier actividad que le llame la atención o que sea de su interés.
- Desempeñarse en espacios estructurados que lo ayuden a encontrar límites.
- Ocupar posiciones en las que sea necesario soportar altos niveles de presión y tensión emocional.
- Dedicarse a la compra de empresas, negocios u otra actividad en la que su voracidad se convierta en una fortaleza.
- Coordinar equipos que tengan la misión de adquirir la mayor cantidad de clientes posible.

• RESUMEN PARA TU EXPERIENCIA •

De las combinaciones entre nuestras actitudes y otros elementos psicológicos personales se forman patrones de personalidad que se mantienen constantes a lo largo del tiempo. Estos patrones forman una programación específica al dinero diferente en cada caso. Hay rasgos naturales que traemos desde que nacemos, otros que nos han ayudado a adaptarnos mejor en el mundo y otros aprendidos. Nuestra programación nos puede hacer proclives de forma natural a ser buenos o malos en algunos tipos de trabajo. El reto será encontrar una forma de ganarse la vida que se ajuste a los propios patrones o identificar la manera de adaptar la forma personal al trabajo que se desempeña.

¿A qué te comprometes?

☐ Aprovecharé mejor mis patrones naturales de personalidad para hacerme de ingresos.

☐ Desarrollaré otros patrones que sean necesarios en mi labor, con base en una aproximación superacional.

☐ Asignaré funciones a los que trabajen conmigo dependiendo de sus fortalezas y no de sus debilidades.

¿Cómo llevarás tus compromisos a la práctica?

1_

2_

3_

Después de haber revisado este capítulo, ¿de qué te das cuenta ahora y qué vas a hacer con eso?

3

TU RELACIÓN CON EL DINERO

Tu forma de relación con el dinero parte de un conflicto, no sólo relacionado a tu economía sino a temas que has buscado resolver a lo largo de tu vida que se vuelven más audibles cuando el dinero entra en juego. Por ejemplo, una persona cuyo tema de vida ha sido el saberse autosuficiente, será sensible a las situaciones en las que corra el riesgo de depender de otros y preferirá hacer las cosas por sí mismo, desempeñar trabajos en los que se sienta su propio jefe y no será proclive a aceptar dinero prestado.

¿Sabes si tu relación con el dinero te permite ser libre en pensamiento, decisión y acción? Es momento de aprovechar los nuevos conocimientos que has desarrollado hasta ahora para identificar cuál es la forma que toma tu relación.

CONFLICTOS Y RELACIONES CON EL DINERO

Para iniciar con el descubrimiento de cuál es tu relación con el dinero, primero deberás contestar el siguiente cuestionario y, una vez identificado el nivel de conflicto que te corresponde, proceder a su interpretación. Es muy importante que al contestar hagas un examen honesto de conciencia. Si te sientes cómodo y lo crees necesario, pide ayuda a alguien que te conozca y que sepas será honesto contigo al darte su opinión.

Práctica 12: **Tu relación con el dinero**
Tiempo aproximado: 20 minutos

A continuación encontrarás una serie de afirmaciones. Cuando la afirmación corresponda a tu caso deberás marcar el "Sí" en la columna que corresponde.

Para facilitar tus respuestas, considera lo siguiente: si tu respuesta es "siempre, casi siempre o frecuentemente" deberás marcar el "Sí". Por el contrario, si tu respuesta es "algunas veces, casi nunca o nunca", no deberás marcarlo.

Al finalizar cada tabla, encontrarás un espacio donde deberás anotar cuántos "Sí" respondiste.

Para seleccionar tus respuestas piensa en la experiencia que has tenido en los últimos seis meses, pues esta evaluación es también situacional.

	Tabla A	
1	Para salir de gastos necesito normalmente de la ayuda de terceros.	Sí
2	Consistentemente me quedo sin dinero.	Sí
3	Carezco de seguridad y confianza en mí mismo.	Sí
4	Fallo a mis compromisos.	Sí
5	Soy aprensivo y demandante.	Sí
6	Inspiro compasión en los demás.	Sí
7	Para saber si estoy bien dependo de opiniones ajenas.	Sí
8	Soy incapaz de hacerme cargo de mí mismo.	Sí
9	Aun sin quererlo, otros pagan por mí lo que me corresponde.	Sí
	Suma A:	

	Tabla B	
1	Me siento incómodo si alguien más quiere pagar por mí.	Sí
2	Mi mayor orgullo es sobresalir por mis propios medios.	Sí
3	He asumido el compromiso conmigo mismo de vivir bien.	Sí
4	Los demás me admiran por lo que he logrado.	Sí
5	Me es importante que los demás me reconozcan.	Sí
6	No necesito de nadie para lograr lo que me propongo.	Sí
7	Soy exigente conmigo mismo y con los demás.	Sí
8	Tiendo a alardear de mi gran capacidad.	Sí
9	Creo que debería ser más humilde.	Sí
	Suma B:	

	Tabla C	
1	Me abrumo cuando no tengo dinero.	Sí
2	Vivo una vida austera aun teniendo dinero para gastar.	Sí
3	Me siento culpable de utilizar mi dinero.	Sí
4	Todos los días me preocupo por cómo sobrevivir.	Sí
5	Desconfío del futuro y de mi entorno.	Sí
6	Reduzco mis gastos a lo necesario e indispensable.	Sí
7	Hago cuentas para saber cuánto puedo gastar.	Sí
8	Me preocupo más por tener dinero que por disfrutar la vida.	Sí
9	Temo por mi futuro.	Sí
	Suma C:	

	Tabla D	
1	Soy impreciso al momento de planear mis finanzas.	Sí
2	Creo tener todo lo necesario para afrontar cualquier problema.	Sí
3	Sé que para mí ya no es necesario aprender más.	Sí
4	Tengo fe en que la vida siempre me proveerá de dinero.	Sí
5	Me siento respaldado por mis amigos, familiares o Dios.	Sí
6	No me preocupa controlar mis gastos, sé que la vida proveerá.	Sí
7	Estoy convencido que no habrá problema que no pueda resolver.	Sí
8	Creo que de la vida el dinero es lo menos importante.	Sí
9	Sé que en algún momento tendré un golpe de suerte.	Sí
	Suma D:	

Tabla E		
1	Mi comportamiento con el dinero me ha hecho cada día más pobre.	Sí
2	He estado teniendo conflictos con otras personas por dinero.	Sí
3	Malgasto mi tiempo, mi energía o mis recursos.	Sí
4	Me hago daño sin quererlo o sin darme cuenta.	Sí
5	Creo que a nadie le interesa lo que puedo ofrecer.	Sí
6	Dejo pasar oportunidades para hacer dinero.	Sí
7	Tengo adicción a las apuestas o a otros gastos compulsivos.	Sí
8	Tarde o temprano mis planes terminan arruinándose.	Sí
9	Aunque lo intente regreso a hábitos que me perjudican.	Sí
	Suma E:	

Tabla F		
1	Me apasiono intensamente con mis ideas.	Sí
2	Saboreo mis triunfos aunque no se hayan concretado.	Sí
3	Mi imaginación no tiene límites.	Sí
4	Fantaseo con tener éxito económico.	Sí
5	Malinterpreto las señales y termino desilusionándome.	Sí
6	Me aloco cuando se me mete una idea en la cabeza.	Sí
7	Soy soñador.	Sí
8	Tomo decisiones por corazonadas de forma irracional.	Sí
9	En mi fantasía me veo como un exitoso triunfador.	Sí
	Suma F:	

Tabla G		
1	Me es difícil desarrollar hábitos que me hagan bien.	Sí
2	Me siento desganado o sin interés para mejorar.	Sí
3	Me he sentido triste, apachurrado o apático.	Sí
4	Veo un futuro desalentador.	Sí
5	Si mi situación económica mejorara sería por obra del destino.	Sí
6	Cuando algo me falta recurro a la fe, a la súplica y a la oración.	Sí
7	Creo que lo que me pasa es porque así tuvo que ser.	Sí
8	Sé que no soy responsable de mis circunstancias.	Sí
9	Tiendo a sentirme melancólico.	Sí
	Suma G:	

Tabla H		
1	Me angustio cuando no tengo controladas mis finanzas.	Sí
2	Me aferro exageradamente a mis ideas.	Sí
3	Creo que mi forma de ver las cosas es la única correcta.	Sí
4	Cuando me propongo algo es imposible que cambie el rumbo.	Sí
5	Soy o me han dicho que soy inflexible y rígido.	Sí
6	Insisto cuando quiero demostrar que tengo razón.	Sí
7	Me hago de hábitos que busco cumplir obsesivamente.	Sí
8	Es muy difícil que alguien me haga cambiar de opinión.	Sí
9	Soy una persona que necesita de estructura.	Sí
	Suma H:	

Tabla I		
1	Creo que todos ven por sí mismos y sus propios intereses.	Sí
2	Me he mostrado indiferente al bienestar de otros.	Sí
3	Soy avaro, tacaño o codicioso.	Sí
4	Me empeño en demostrar que soy mejor que los demás.	Sí
5	Respecto al dinero llego a ser abusivo con el que se deja.	Sí
6	Me preocupo demasiado por mi bienestar.	Sí
7	Busco cómo hacer que mi voluntad perdure por encima de otros.	Sí
8	Me preocupo sólo por mi beneficio.	Sí
9	Mis relaciones se resumen a dinero.	Sí
	Suma I:	

Tabla J		
1	Antepongo el interés de los demás sobre el mío.	Sí
2	Me preocupo demasiado por los problemas ajenos.	Sí
3	Me caracterizo por mi nobleza y mi incondicionalidad.	Sí
4	Me siento más satisfecho cuando ayudo a los demás.	Sí
5	Cuando alguien necesita de mí, no dudo en darle lo que tengo.	Sí
6	Si se trata del bienestar de otros no escatimo en gastos.	Sí
7	Me siento incómodo cuando me hacen halagos.	Sí
8	Se me pasa la mano dando ayuda.	Sí
9	Soy una persona que normalmente da más de lo que recibe.	Sí
	Suma J:	

Tabla K		
1	Todavía no sé a qué me gustaría dedicarme.	Sí
2	Mi vida ha sido un ejemplo de probar todo y profundizar en nada.	Sí
3	Me ha sido difícil reconocer cuáles oportunidades me convienen.	Sí
4	Cambio mis estrategias o decisiones con facilidad.	Sí
5	Soy indeciso o voluble.	Sí
6	Me siento insatisfecho constantemente, nada me completa.	Sí
7	Me siento desconectado de mí mismo.	Sí
8	Brinco de un lado a otro sin definirme con claridad.	Sí
9	No sé con claridad quién soy.	Sí
	Suma K:	

Tabla L		
1	Cambio completamente dependiendo del lugar en el que esté.	Sí
2	Me guío por la opinión ajena.	Sí
3	Me preocupa mucho encajar bien en los grupos en los que estoy.	Sí
4	Le doy la razón a cualquiera que opine de mí.	Sí
5	No me muestro como soy.	Sí
6	Copio las formas de ser o de actuar de otros.	Sí
7	Rechazo participar en grupos en los que no sé cómo comportarme.	Sí
8	Soy demasiado sensible a lo que dicen los demás de mí.	Sí
9	Al final del día me siento insatisfecho de quien soy.	Sí
	Suma L:	

Tabla M		
1	Me meto en problemas por no pensar antes de actuar.	Sí
2	Cuando algo se me antoja lo consigo a como dé lugar.	Sí
3	Gasto insensatamente arrastrado por acaloramientos momentáneos.	Sí
4	Se me dificulta ponerme límites.	Sí
5	Normalmente no preveo las consecuencias de mis actos.	Sí
6	Tiendo a repetir los mismos errores del pasado.	Sí
7	Me falla el juicio para saber cuándo me conviene gastar y cuándo no.	Sí
8	Con mi dinero soy emocional.	Sí
9	Aunque haga un presupuesto no soy capaz de apegarme a él.	Sí
	Suma M:	

	Tabla N	
1	Planeo demasiado tiempo antes de decidir.	Sí
2	Es imposible que gaste si no he evaluado si me conviene o no.	Sí
3	Dedico mucha atención para asegurarme que mis cuentas cuadren.	Sí
4	Cuando pierdo el control de mis finanzas me siento angustiado.	Sí
5	Soy o me han dicho que soy frío y calculador.	Sí
6	Me es difícil cambiar mis planes cuando ya los he pensado.	Sí
7	Por no gastar limito mi diversión.	Sí
8	Me atemoriza gastar todo mi dinero.	Sí
9	Sé que me haría bien ser menos controlador.	Sí
	Suma N:	

Integración de resultados.

En la siguiente sección deberás identificar cuáles son tus formas predominantes de relación con el dinero. Para ello, encierra en un círculo el rango de puntajes en el que se sitúa tu resultado de cada tabla. Es decir, si en la tabla A obtuviste 5 puntos, deberás marcar con un círculo el rango que va de "5-7", si obtuviste 8 puntos el rango que va de "8-9" puntos.

Tabla A .... puntajes: **0-4 | 5-7 | 8-9**
Relación infantil con el dinero.
Conflicto eje: Dependencia vs. autosuficiencia.
Perfil tipo: Dependiente.
Creencia base: Sólo si es con ayuda de otros.

Tabla B .... puntajes: **0-4 | 5-7 | 8-9**
Relación orgullosa con el dinero.
Conflicto eje: Dependencia vs. autosuficiencia.
Perfil tipo: Autosuficiente.
Creencia base: Sólo si nadie me ayuda.

Tabla C .... puntajes: **0-4 | 5-7 | 8-9**
Relación de supervivencia con el dinero.
Conflicto eje: Inseguridad vs. seguridad.
Perfil tipo: Inseguro.
Creencia base: La vida es riesgosa.

Tabla D .... puntajes: **0-4 | 5-7 | 8-9**
Relación de sobre confianza con el dinero.
Conflicto eje: Inseguridad vs. seguridad.
Perfil tipo: Seguro.
Creencia base: Todo va a estar bien.

Tabla E .... puntajes: **0-4 | 5-7 | 8-9**
Relación de pérdida con el dinero.
Conflicto eje: Autodestructividad vs. realización.
Perfil tipo: Autodestructivo.
Creencia base: Como no sé qué debo cambiar de mí mismo, me
                   destruyo.

Tabla F .... puntajes: **0-4 | 5-7 | 8-9**
Relación delirante con el dinero.
Conflicto eje: Autodestructividad vs. realización.
Perfil tipo: Realizable.
Creencia base: Soy libre sólo en mis fantasías.

Tabla G .... puntajes: **0-4 | 5-7 | 8-9**
Relación de indiferencia con el dinero.
Conflicto eje: Abandono vs. voluntad.
Perfil tipo: Decaído.
Creencia base: Nada importa realmente.

Tabla H .... puntajes: **0-4 | 5-7 | 8-9**
Relación de testarudez con el dinero.
Conflicto eje: Abandono vs. voluntad.
Perfil tipo: Voluntarioso.
Creencia base: Sólo si es como yo digo.

Tabla I .... puntajes: **0-4 | 5-7 | 8-9**
Relación egoísta con el dinero.
Conflicto eje: Individualismo vs. comunitarismo.
Perfil tipo: Individualista.
Creencia base: Primero yo y luego los demás.

Tabla J .... puntajes: **0-4 | 5-7 | 8-9**
Relación de sacrificio con el dinero.
Conflicto eje: Individualismo vs. comunitarismo.
Perfil tipo: Comunitario.
Creencia base: Yo no soy más importante que otro.

Tabla K .... puntajes: **0-4 | 5-7 | 8-9**
Relación indefinida con el dinero.
Conflicto eje: Confusión de roles vs. identidad.
Perfil tipo: Fragmentado.
Creencia base: No sé quién soy ni qué me conviene.

Tabla L .... puntajes: **0-4 | 5-7 | 8-9**
Relación enmascarada con el dinero.
Conflicto eje: Confusión de roles vs. identidad.
Perfil tipo: Provisional.
Creencia base: Soy lo que me digan los demás que debo ser.

Tabla M .... puntajes: **0-4 | 5-7 | 8-9**
Relación consumista con el dinero.
Conflicto eje: Impulsividad vs. autodominio.
Perfil tipo: Impulsivo.
Creencia base: Si tengo dinero me lo gasto.

Tabla N .... puntajes: **0-4 | 5-7 | 8-9**
Relación controladora con el dinero.
Conflicto eje: Impulsividad vs. autodominio.
Perfil tipo: Autodominable.
Creencia base: Aunque quiera no lo gasto.

Considera ahora la siguiente escala para identificar tendencias dependiendo del número de comportamientos que hayas seleccionado en cada tabla:

Resultados del 0 al 4: No significativo, no presenta una tendencia definida.

Resultados del 5 al 7: Moderadamente significativo, tendencia moderada.

Resultados del 8 al 9: Significativo, tendencia clara y bien definida.

Si en ninguna de las columnas obtuviste más de 3 puntos, te recomiendo volver a realizar los ejercicios con un mayor examen de conciencia o considerando opiniones de personas que te sean cercanas y que te conozcan bien. Aunque estés en desacuerdo con lo que digan, considera sus observaciones y dales el beneficio de la duda, al final de cuentas podría tratarse de un comportamiento inconsciente y podrían ellos tener algo de razón.

Escribe a continuación las tres formas de relación en las que obtuviste los mayores puntajes.

1_
....

2_
....

3_
....

Procede a la interpretación de tus resultados. Las descripciones de cada tipo de relación reflejan uno de los extremos en un continuo. El exagerar sus atributos tiene la intención de ayudarte a reconocer, con mayor claridad, el patrón del que se habla, pero al igual que con los demás planteamientos de este libro, lo más importante es contar con elementos que te sirvan para identificar con mayor precisión tu vivencia con el dinero y así despertar en ti la curiosidad de reconocer tus experiencias particulares.

DEPENDENCIA VS. AUTOSUFICIENCIA
Relaciones infantiles y de orgullo con el dinero, tablas A y B
Descripción del conflicto.

Este conflicto tiene que ver con la vía que tomas para satisfacer tus necesidades. Cuando cumples con tus deseos por medio de tu esfuerzo se habla de autosuficiencia, cuando esperas a que otros resuelvan tu malestar, de dependencia. De un lado encontramos al que hace por sí mismo, del otro al que necesita que sean otros los que hagan por él. El autosuficiente es el que aprendió, a la buena o a la mala, cómo convertir positivamente una carencia (o necesidad) en un propósito. Su camino empezó cuando decidió amarrarse las agujetas sin ayuda, continuó cuando aprendió a moverse en su ciudad sin necesidad de acompañantes y se consolidó cuando logró mantenerse económicamente a sí mismo. Por el contrario, el dependiente asumió que necesitaba de los demás para sobrevivir. Su historia comenzó cuando siendo un bebé la mamá mitigó su hambre alimentándolo y le quitó el frío tapándolo con una frazadita, con lo que asoció "mi malestar se resuelve cuando recibo ayuda" (que de hecho no fue un origen diferente al del autosuficiente), sólo que después, cuando se vio en aprietos, siempre tuvo a alguien que lo sacara de ellos, privándolo de la oportunidad de desarrollar su potencial para valerse por sí mismo.

La primera forma se observa en las personas que hacen todo por mantenerse en una superación constante y en las que no descansan hasta ver sus esfuerzos fructificar. La segunda es el caso de las personas que cuando se quedan sin dinero esperan que al estirar la mano éste no les sea negado, pudiendo ser sus mismos padres, la pareja u "otros padres que cobran intereses" (como los bancos), los que resuelven su incomodidad.

Ambos, el autosuficiente y el dependiente, tienen la experiencia de lo que es carecer de algo y responden cada uno a su manera. Uno reorienta las velas de su barco, se autogobierna, da un paso más, hace algo con eso, se mueve, aprende, sabiendo que por medio de su esfuerzo puede completarse (incluso pidiendo ayuda si es necesario). El otro, se deja llevar por la dirección que el viento impone, mejorar sus condiciones no dependerá de su poder interior sino que estará en función de si alguien más le da trabajo, y le presta dinero o le administra sus recursos. ¿Cuál es tu caso, eres más de uno o un poco de los dos?

Relación infantil: puntajes altos en la tabla A

El niño que va a una fiesta de cumpleaños, come dulces e incrementa sus niveles de azúcar, recibe una gran cantidad de energía disponible para correr, jugar y trepar. Pasados algunos minutos, el efecto del azúcar baja y lo hace desear otro dulce más. Como se le niega, hace una pataleta, se enoja y cree que la vida es injusta, mientras sufre de un malhumorado síndrome de abstinencia hasta que vuelva a subirle la glucosa. Paralelamente, el que espera sus quincenas se regocija de júbilo cuando sabe que ya es quince o treinta, así la vida es maravillosa. Luego gasta, juega y trepa pero pasados unos días se alarma al ver que una vez más se ha quedado sin dinero y reaparece la angustia que acompaña a la sensación de estar desamparado.

El que tiene una relación infantil con el dinero, no es consciente de las consecuencias de sus decisiones ni de sus comportamientos. Gasta su dinero por impulso en actividades que le dan una satisfacción inmediata. No ve al futuro sino al presente, se cree incapaz de cambiar su economía y, si tiene un problema financiero, depende de la ayuda de terceros para resolverlo.

El dinero para él es un recurso fugaz que así como llega se va. Se ve sorprendido al darse cuenta que se ha terminado y desconoce la causa por la que lo ha abandonado; entonces recurre a su inventiva para formular explicaciones mágicas que en lugar de reflejar un aprendizaje consecuente de sus decisiones, le evitan sufrir la incomodidad de responder por sus acciones.

Vive a costa de los demás y no de sí mismo. Al comportarse como un niño, ya no siendo uno, está acostumbrado a que sean otros los que resuelvan sus problemas. Puede incluso desarrollar una certeza falsa de tener asegurado el mañana pues si algo pasara alguien se haría cargo después. Si recurrentemente se queda en ceros por no controlar sus ingresos ni sus gastos, para cumplir con sus obligaciones tendría que recurrir a préstamos, a créditos, a su pareja, a sus amigos o a sus padres, situación que se repetirá mientras no adquiera una conciencia objetiva del valor del dinero y del trabajo que cuesta ganarlo. Si busca hacerse de ingresos, cree que necesita de alguien que le dé la oportunidad de trabajar y desarrolla artimañas manipuladoras para mostrarse como una criatura vulnerable en una vida amenazante y el problema viene cuando alguien le cree, le ayuda y refuerza en él el patrón de dependencia.

Es fácil que se haga de deudas. No es propenso a culminar definitivamente con lo que se ha propuesto y mucho menos a actuar con firmeza. La imposibilidad de cerrar ciclos le hace quedarse atorado a la mitad del camino y evita que la energía siga su curso natural, un patrón encontrado en el haber psicológico y actitudinal de la generación de deuda. Si pedir prestado es la única solución que se le ocurre para salir de un problema, estará encadenándose al pago futuro de sus deudas y, con ello, obstaculizando el camino que puede llevarlo hacia una vida de mayor libertad.

Una persona libre es aquella que es capaz de definir el curso que sigue su historia, que puede pensar qué es lo que quiere y luego, por sí mismo, hacerlo suceder; no la que depende de terceros para ver sus intenciones traídas a la realidad. Si ésta es tu forma de relación, te ayudará cambiar tu programación de ser "el que necesita un empujón" a "el que se siente motivado a lograr por sí mismo"; el dinero viene no por cuánto lo desees sino por lo capaz que seas de ofrecer algo útil a los demás.

Ser autosuficiente te permite decidir y hacer que suceda lo que quieres para ti. Volverte responsable de ti mismo te hace reconocer el valor real del dinero y del trabajo que cuesta ganarlo. Quizás la principal satisfacción que se experimenta cuando se es capaz de ser autosuficiente es el atestiguar la culminación del propio esfuerzo, el cosechar lo que se siembra, sabiendo que puedes bastarte a ti mismo y que puedes cambiar de dirección cuando quieras hacerlo.

Clarificación: *No es lo mismo…*

- Necesitar ayuda, que depender de los demás.
- Divertirse, que despilfarrar el dinero sin conciencia.
- Darse un gusto, que sacrificar el futuro por un acaloramiento momentáneo.
- Aprovechar un crédito, que cavar un hoyo del que será difícil salir.
- Aceptar ayuda, que no hacer nada por ti mismo.

Relación de orgullo: puntajes altos en la tabla B.

Grandes personalidades que han acumulado riquezas, cuentan historias que reflejan lo apretada que fue su vida de donde acumularon experiencias negativas que después sobrepasaron y sepultaron bajo sus logros pero ¿qué será, que en su historia encontraron fuerza para salir adelante o que están intentando escapar de sus fantasmas del pasado?

El que tiene una relación de orgullo con el dinero, se preocupa por ocultar sus sentimientos de inferioridad, se siente motivado a mostrarle a los demás de lo que es capaz y se siente superior consiguiendo lo que nadie puede, o lo que sólo pocos.

El dinero le sirve para ocultar su vulnerabilidad, toma la cara de alimento para su ego, hambriento de reconocimiento, y le ayuda a confirmar que es poderoso, aunque internamente la experiencia que tiene de sí mismo sea diferente. Lo que hace con el dinero desvía la atención que recae sobre su persona hacia sus pertenencias materiales, esperando que sean éstas las que hablen de él como alguien de valor.

Socialmente se asegura de compartir sus grandes resultados. Pone el acento en lo mucho que gana, en lo espectacular de sus últimas vacaciones, en lo insuperable de sus proyectos o en lo privilegiado que es al pertenecer a alguna institución de renombre. Cualquier cosa que le viste, la comparte para demostrar lo valioso que es.

Busca su autoafirmación sin dejar que nadie entorpezca su proceso, aunque su actitud puede alejar a personas que le importan. Al actuar con base en el orgullo es común escucharle hablar de sus proezas y de su heroísmo, dando a entender que nadie lo hubiera podido hacer mejor que él, ni alguien podría llegar tan lejos. Estará tan preocupado por demostrar a otros que no necesita de nadie, que sus actitudes le hacen ver como alguien inalcanzable, tan suficiente para sí mismo, que queda aislado de la ayuda de los demás quienes no saben cómo acercarse.

Una persona libre es capaz de conseguir logros tan altos como los quiera, pero también reconoce que no lo puede todo y que a veces necesita ayuda de los demás. Uno de los retos para ti, si este es tu caso, reside en reconocer que el soporte de otros es necesario, así sea indirectamente. Nos necesitamos los unos a los otros y aceptar ayuda no tiene por qué disminuirte sino al contrario, te hace crecer.

Al ser menos orgulloso, disfrutar de la vida no depende de si lo que te pasa es superior; la grandeza de una persona es independiente de lo que tiene y de lo que puede producir. Al relajarte y procurar ser cada día más auténtico, puedes encontrar satisfacción en trivialidades y en los detalles que, aunque parezcan carecer de importancia, son los que hacen que la vida incremente su valor.

Clarificación: *No es lo mismo...*
- Valerse por uno mismo, que estar negado a recibir.
- Hacer por uno mismo, que no haber usado ayuda de otros.
- Contentarse con los propios logros, que ser soberbio.
- Creer en uno mismo, que ser inalcanzable.
- Decir "gracias", que "de no ser por ti no lo habría logrado".

INSEGURIDAD VS. SEGURIDAD
Relaciones de supervivencia y de sobreconfianza con el dinero, tablas C y D

Descripción del conflicto.

En esta dimensión encontramos la preocupación de vivir con soltura o con austeridad, en especial cuando se desconoce la respuesta a la pregunta ¿qué pasará con el futuro? Hay tantas vertientes que promueven aprovechar el momento y tantas otras que sugieren prepararse para lo que viene, que sería difícil encontrar una respuesta única bajo la que todos debamos regirnos.

Cada quien reacciona de manera diferente ante la incertidumbre. Algunos gastan a manos llenas porque el mundo se va a acabar mientras otros ahorran debajo del colchón para estar prevenidos; cualquier respuesta es válida, al final de cuentas se trata de cómo quiere cada uno vivir su vida. Una y otra opción traerá eventualmente pros y contras, consecuencias positivas y negativas y no hay que perder de vista que tienes sólo una vida y si la vives con miedo de quedarte sin dinero, al final tendrás una experiencia desabrida, pero también es cierto que vivir despreocupadamente y despilfarrar todo lo que se tiene abrirá la puerta a un riesgo mayor en el futuro. ¿Qué es lo que mejor te define a ti: la soltura o la austeridad? ¿Hasta dónde te permites disfrutar sin culpa? ¿Te ajustas a lo que te alcanza o te despreocupas de lo que vendrá después?

Relación de supervivencia: puntajes altos en la tabla C

Existen personas que al atravesar por tiempos prolongados de dificultades económicas se quedan resentidas y adoptan creencias como "el dinero es para ahorrarse", "hay que prevenirse para los problemas potenciales del futuro", "quedarte sin dinero te deja desprotegido", etc., y aunque haya sido así en su momento, en las ocasiones que pueden vivir con mayor holgura y darse una vida más amena, siguen preocupados.

Para el que tiene una relación de supervivencia con el dinero la vida se vuelve áspera al creer que no cuenta con los recursos suficientes para tener seguridad básica en el presente o en el futuro, sea o no cierto. Sin la certeza de tener la vida arreglada, no habrá un escalón sobre el cual apoyarse para aspirar a mejores condiciones. La preocupación por subsistir le hará tomar como prioridad lo absolutamente necesario, haciéndole desarrollar patrones de tacañería.

Al estar preocupado por su subsistencia, el dinero se convierte en "ayuda" y lo ve como "sostén económico", provocando que no sea posible considerar para él alguna finalidad diferente a usarlo para asegurar su supervivencia, aunque pueda, también, darse la oportunidad de disfrutarlo. "El gasto es malo y el ahorro bueno" diría, pero es su mente la que arma por sí misma el escenario de dificultad, evidenciando que será necesario despertar en él una mayor confianza.

La idea de estar desprotegido puede afectar sus pensamientos y aturdir su juicio. En esta situación es difícil que su mente dé entrada a pensamientos prósperos o entusiastas. El instinto de autopreservación, confisca su atención, vienen el insomnio y los pensamientos catastróficos, que si bien pueden ayudarle a estar más despierto, también pueden dejarle agotado y sin energía. Vivir con la incertidumbre de si podrá afrontar sus gastos deja a sus sentidos recargados de una amenaza constante que puede fatigarle.

Una situación económica difícil tiene la peculiaridad de dejarte aprendizajes que te ayudan a no repetir los mismos errores en el futuro, pero si te dejas dominar por el miedo, tu forma de manejar el dinero se volverá austera y terminará por limitar tus experiencias. Si una vez pasada la tormenta te mantienes en la misma línea siendo que ya podrías descansar y relajarte, estarás privándote de hacerte de vivencias más alentadoras, que son las que al final de tus días te llevarás contigo.

El que es libre, si lo quiere, es capaz de reservar dinero para prevenirse de un futuro incierto, pero también puede darse la oportunidad de disfrutar y gozar de lo que tiene. Si tus decisiones económicas están condicionadas por la desconfianza, te ayudará saber que la seguridad que te hace falta la encontrarás en ti. La certeza que buscas no depende de las circunstancias externas sino de la capacidad para hacer frente a los problemas. En una situación así es mejor que enfoques tu energía en desarrollar mayores recursos internos, en incrementar tu inteligencia financiera y en dominar habilidades que te sirvan para producir ingresos sin importar la situación en la que te encuentres.

Confiar más en ti mismo y en la vida, te ayudará a hacerte de experiencias más amenas y a aprovechar oportunidades que quizás no vuelvan a repetirse, para ti y para los tuyos; al final de los días no te llevarás más que memorias. La vida que tienes es una, y es ésta. ¿Cuáles son las memorias que te gustaría llevarte? ¿Cómo te gustaría que los demás te recordaran?

Clarificación: *No es lo mismo...*

- Pasar por un momento de carencias, que desconfiar de la propia capacidad.
- Ajustar los gastos para resolver un problema, que vivir a rajatabla eternamente.
- Afrontar una situación difícil, que divorciarse de la posibilidad de disfrutar.
- Ser mesurado con los gastos, que vivir una vida de tacañería.
- Ser consciente del valor del dinero, que sentirse culpable por usarlo.

Relación de sobreconfianza: puntajes altos en la tabla D

Muchos empleados que reciben aguinaldo programan pagos y compras para diciembre, pues una vez al año tienen una mayor cantidad de dinero disponible para gastar al mismo tiempo. Sin embargo, he conocido a quienes adoptan la creencia encubierta "el aguinaldo alcanza para todo", como si fuera la olla mágica de las monedas de oro y, por no hacer un cálculo realista de cuánto les rendirá, se les acaba tan pronto como lo reciben y las cuentas se quedan sin pagar.

El que tiene una relación de sobreconfianza con el dinero, cree poseer todas las respuestas, aseverando que no le falta nada para cumplir con lo que se propone y asumiendo que su dinero es el remedio para salir adelante de cualquier situación.

En este caso, el dinero para él se convierte en una panacea, en el remedio para todo. Lo entiende como un amuleto mágico que, sin importar si es mucho o poco, lo saca de sus problemas. Se vuelve un objeto que cree seguro y pierde su valor objetivo al verlo como la llave que abrirá todas las puertas.

Piensa que no hay situación con la que no pueda lidiar. Sus creencias predominantes van en la línea de siempre estar protegido por su capacidad o de estar respaldado por el cobijo de su familia y amigos que ocupan posiciones de poder, también podría creer que es un elegido especial que recibe la simpatía y el cuidado personal de las fuerzas del más allá. Pero, ¿será realmente así en el momento de la verdad? Actuar con base en una fe ciega y en creencias de tener la vida asegurada le hacen pasar por alto riesgos que pueden prevenirse.

Al suponer que conoce todas las respuestas se convierte en un producto terminado. Así, es propenso a terminar en un estancamiento, pues le es difícil incluir nuevos conocimientos y hacerse de mejores herramientas. Jactarse de su capacidad y no ser consciente de sus debilidades, de los nuevos riesgos que cada situación por separado le presentan o creer que todo se resuelve con una misma respuesta, lo ponen en desventaja en comparación con el que confía en sí mismo pero reconoce que no lo sabe todo, que aunque salga victorioso de sus batallas tiene todavía mucho por aprender y que además sabe que aún se puede equivocar.

El que se cree con los medios para resolver sus problemas es más libre que el que no tiene más remedio que sufrirlos. Pero es todavía más libre el que visualiza una solución y además tiene la capacidad, basado en la sensatez, de traer sus ideas a la práctica; si no es así, se es libre sólo al nivel de los pensamientos y no de lo concreto. Si te encuentras en una relación de sobreconfianza, no pierdas de vista que existe una línea que separa al optimismo de la irrealidad.

Ser más objetivo en tus apreciaciones y acostumbrarte a pensar realísticamente, tanto en tus problemas como en sus posibles soluciones, te dejará más preparado para afrontar de una mejor manera lo que venga y evitará que en el camino se te presenten las sorpresas, y en su caso, las desilusiones.

Clarificación: *No es lo mismo…*

- Confiar en el futuro, que no hacer nada para remediar una situación.
- Estimar un presupuesto, que basar las decisiones en una fantasía.

- Sentirse seguro de sí mismo, que creer que se puede todo.
- Saber que se podría contar con ayuda, que creerse inmune a las dificultades.
- Tener confianza en el futuro, que ser un inconsciente.

AUTODESTRUCTIVIDAD VS. REALIZACIÓN
Relaciones de pérdida y delirantes con el dinero, tablas E y F
Descripción del conflicto.

En esta dimensión encontramos respuestas a la pregunta ¿para qué usas tu energía? Crear y destruir son partes de un mismo ciclo necesario para la vida, no puede darse pie a lo nuevo si no se ha primero terminado con lo anterior. Ambas posibilidades las traemos desde el nacimiento en forma de impulso y nos acompañarán hasta el último de nuestros días.

Cuando una persona está inconforme con los resultados que obtiene, cuando quiere vivir un cambio y aspirar a mejores condiciones, debe usar su poder para cesar las situaciones que no sirven a su interés y una vez hecho esto, deberá hacer uso de su poder para construir nuevas y mejores formas. Si se pierde el objetivo de lo que se quiere cambiar, el impulso destructivo puede incitar a la persona a verse a sí misma como eso que hay que aniquilar. En el extremo contrario, cuando la persona está fascinada exageradamente con su posibilidad creadora, puede perder pie y envolverse en un mundo de fantasía, quedándose nada más con castillos en el aire. En ambos casos, la posibilidad de hacer que las intenciones se hagan realidad se ve disminuida y se pierde efectividad. Uno neutraliza la posibilidad por la vía negativa, y el otro por una aparentemente positiva.

Relación de pérdida: puntajes altos en la tabla E
Una vendedora que acababa de divorciarse estaba preocupada por no estar vendiendo lo suficiente para llegar a sus metas. Decía que su problema se presentaba hacia el final de la conversación con un nuevo cliente. Sospechaba que algo hacía "sin darse cuenta" para echar abajo el cierre de la venta. Pero

lo que la preocupaba más era deberle al banco, y es que no llevaba sus cuentas en orden y despilfarraba su dinero comprando cosas que no necesitaba. Cuando pensaba en todo lo que estaba pasando con ella, se sentía mal consigo misma, al grado de considerar la posibilidad de renunciar.

El desempleado que llega tarde a la entrevista de trabajo, el empresario que deja pasar las oportunidades que se le presentan, el que malgasta su tiempo y sus recursos, el que desarrolla una adicción a las apuestas y el que renuncia a sus fuentes de ingreso de la noche a la mañana sin tener nada en firme, son ejemplos de relaciones de pérdida con el dinero.

Para el que ésta es su forma de relación, el dinero se convierte en un reforzador de conductas debilitantes que van en sentido contrario a la emancipación. Sus gastos responden a adicciones y sus ingresos activan automáticamente la pregunta ¿en qué uso mi dinero?, anulando la posibilidad de ahorrar y de ver con ánimo hacia el futuro. En sus relaciones con los demás, en lugar de ganarse aliados, genera conflictos y enemistades, minando posibles oportunidades que pueden darle un beneficio personal en el futuro.

Su comportamiento financiero termina por arruinarlo. Con una relación así, se inicia un camino que no sólo lo hundiría a él sino a los que están a su alrededor. En este caso, es característico tomar decisiones empobrecedoras que apuntan a una inexplicable necesidad de perder.

Su radar autopreservativo está desajustado. Se presenta una tendencia autocrítica que origina creencias de no tener nada bueno que ofrecer e invalida sus ideas más rápido que lo que se tarda en pensarlas. Elige inconscientemente trabajar con personas, aceptar empleos y emprender negocios que tarde o temprano lo llevan a la ruina, haciéndole malgastar su tiempo en actividades y tareas que no le producen resultados positivos.

Una relación de pérdida con el dinero no te permite ser libre. Ser presa de tus impulsos, te lleva por una pendiente que desemboca en un solo lugar: "el desastre". Si éste es tu caso, piensa que siempre habrá un peldaño más abajo, un lugar más hondo, algo peor, así que las preguntas que debes hacerte son: ¿hasta dónde marcarás el fondo?, ¿hasta dónde está tu límite? Querer destruirte, inconscientemente, puede ser el resultado de un intento mal encaminado de cambiar algo en tu interior. Para salir de una relación así te convendría hacerte la siguiente pregunta: si no fueras tú mismo el que debiera aniquilarse, ¿qué sería lo que en tu interior debería cambiar?

Salir de una relación de pérdida te permite aspirar a experiencias de mayor vitalidad pues la misma energía que usas para destruir, puedes aprovecharla para construir. ¿Hasta cuándo dirás que ya ha sido suficiente? Si no eres tú el que hace algo por frenar tu caída, nadie más lo hará.

Clarificación: *No es lo mismo...*

- Querer dar por terminada una situación, que echar abajo todo lo ganado.
- Cerrar una puerta del pasado, que demoler lo que ya se ha construido.
- Pretender una transformación, que destruirse.
- Haberse equivocado, que insistir en decisiones que te lleven a la ruina.
- Querer hacer varias cosas a la vez, que malgastar el tiempo y los recursos.

Relación delirante: puntajes altos en la tabla F

Un joven estaba entusiasmado por dejar su empleo para emprender en su primer negocio. Como ganaba bien y se había hecho de un buen historial crediticio, pensaba en pedir un préstamo al banco para arrancar. De lo que le dieran iba a pagar por adelantado la renta de un local por dos meses, iba a comprar suficientes productos para vender un mes (según sus cálculos) e iba a contratar a dos personas para que le ayudaran a administrar la tienda y a vender. Me buscó y le ofrecí mi ayuda para hacer un plan de negocio para reducir los riesgos. Después de ese día, no lo volví a ver.

El efecto exaltado de la relación delirante con el dinero da pie a situaciones como: asumir que una idea novedosa es ya un negocio exitoso cuando ni siquiera se ha probado, creer que una conversación con un posible cliente es la prueba fidedigna de haber cerrado un trato o hacer cuentas fantásticas para distribuir tus millones sin tener un método realista para hacerte de ellos.

El dinero en este caso se convierte en un objeto deseado, en un amor platónico con el que se ansía encontrarse. El que ha desarrollado esta forma de relación se deslumbra con las posibilidades de una vida soñada y se olvida de rellenar con algo de sustancia sus sueños encantados, que se derrumbarán tan fácilmente como en el cielo se levantaron.

El que padece de una relación delirante no piensa objetivamente ni con claridad. Toma decisiones sin fundamento. Si actúa con arrebato, el efecto de su comportamiento puede volverse autodestructivo. A alguien así le faltaría hacer algo para pensar con mayor realismo y premeditación pues no tiene los pies bien puestos en el piso y le surgen pensamientos que le hacen ver la realización de sus proyectos e intenciones como un juego de niños. El potencial de que algo suceda es una posibilidad, cierto, pero hacer que algo produzca dinero toma su tiempo y requiere tanto ciencia como acción. Las grandes empresas y las finanzas personales exitosas no se forman con un golpe de suerte de la noche a la mañana ni por el simple hecho de haberlas pensado, sino que se construyen con base en trabajo y en decisiones bien fundamentadas.

Visualizar un futuro alentador, independientemente de la experiencia que se viva en el presente es característico de una persona libre, pero el que basa su relación con el dinero sólo en una ilusión, carece de los elementos para ver sus sueños suceder. Confiar en que se dé un futuro encantador es importante para proyectar positivamente la vida, pero actuar y planearlo sólo con base en suposiciones puede meterte en aprietos y dejarte con una experiencia opuesta a como sucede en tu fantasía.

¿Será que se puede encontrar la forma de mantener tu mirada en las nubes, los pies bien afianzados en el suelo y tus manos libres para trabajar? Si lo logras tendrías el privilegio de ser uno de los que ha descubierto la fórmula con la que se escribe una historia a voluntad: soñar, partir de la realidad y hacer lo necesario para concretar los sueños.

Clarificación: *No es lo mismo...*

- Soñar con un mejor futuro, que perder la prueba de realidad.
- Entusiasmarse con posibilidades, que dar algo por hecho sin tener un fundamento.
- Confiar en que habrá algo positivo para uno, que vivir en total irrealidad.
- Desarrollar alternativas, que extraviarse inconscientemente en el mundo de las posibilidades.
- Apasionarse con una idea, que actuar con insensatez.

ABANDONO VS. VOLUNTAD
Relación de indiferencia y testarudez con el dinero, tablas G y H

Descripción del conflicto.

Cuando los resultados económicos soportan e impulsan la intención, se ha construido el puente para ir adonde se quiere. Una persona que lidia con este nivel de conflicto, entra en el juego de establecer una visión clara y hacerse de los medios para llevarla a la práctica; si en el camino algo falta, conseguirlo, y si algo sobra, eliminarlo.

Para traer los pensamientos a la realidad encontramos al menos dos vías: tener fe y trabajar. Magos y guerreros. Los magos practican para ser más efectivos en sus conjuros para traer suerte a su vida, los guerreros son los que perfeccionan su técnica de batalla para salir triunfadores en cualquier contienda. Cuando uno se encuentra con el otro, entonces tenemos resultados inesperados y llega la fortuna a nuestra vida. Estas dos facetas habitan en nosotros, un principio activo que nos dice que hacemos lo que queremos, y otro pasivo, que nos dice que vivimos lo que nos pasa. Dicen que el que no sabe a dónde va, seguramente ya llegó, sólo que no se ha dado cuenta, y al que se empecina por estar donde quiere, le pasa la vida por delante mientras se esfuerza por llegar.

Si tú quieres vender algo, no puedes ir con el cliente y arrebatarle su dinero o jalarlo de las patillas para que se siente a escuchar tu oferta. En el extremo contrario, si te mantienes en la intención y quieres vender algo, te puedes quedar rezando, meditando, teniendo una conversación con Dios, iluminándote de todos tus santos para que el cliente que buscas llame a tu puerta, y sí, a veces pasa, pero es preferible tener una buena intención y hacer tu trabajo que esperar a que alguien más te resuelva la vida. No se trata de ser solamente de una forma, sino de aprender a bailar en los dos escenarios.

Relación de indiferencia: puntajes altos en la tabla G

Durante un tiempo aplicamos una encuesta a las personas que participaban en los seminarios "Tu relación con el dinero". Una de las preguntas era si les gustaría obtener mayores ingresos, a lo que la gran mayoría contestaba que sí. Otra de las preguntas era si tenían un plan realista para lograrlo y la gran mayoría contestaba que no.

Una relación de indiferencia con el dinero surge cuando las aspiraciones en tu vida se descomponen con el paso del tiempo, como una manzana olvidada en un cajón. Renunciar a la posibilidad de darte una vida como la has pensado, cuando tienes los medios para lograrlo, o saber con claridad cómo quieres vivir pero no hacer nada por intentarlo son síntomas de haberte abandonado y de ser indiferente a tu porvenir.

Para el que ha adoptado una relación de indiferencia el dinero carece de importancia. Toma la cara de bicoca, de miseria o de migaja independientemente de cuánto se haya tenido que batallar para ganarlo. Sus propósitos, al estar desatendidos, no verán la forma de ser cumplidos, pero no por falta de dinero sino por falta de interés.

En el fondo de una relación de indiferencia puede haber una creencia de no merecer algo mejor. El que está en esta situación, se conforma con cualquier cosa que le traiga la marea, lo que muestra su carácter resignado, que le hace renunciar a su derecho de ver manifestada su intención, cualquiera que esta sea. Si piensa con escepticismo acerca de su porvenir, si cree que no hay algo bueno para él o si le falta fe, serán la apatía y la desgana las que lo mantendrán en una vida condescendiente que no cambiará hasta que no tome una determinación.

En la relación de indiferencia se carece de energía para obtener lo que uno quiere. El destino se ve como el dictamen de lo que toca por mandato y no la consecuencia de las decisiones que se están tomando hoy. Se carece del impulso para pensar alentadoramente o para convencerse de merecer algo mejor.

El que es libre, piensa en qué es lo que quiere, luego decide y actúa conforme mejor convenga a su interés. No sucede así con el que se deja llevar por la marea, habiendo renunciado al derecho de ejercer su voluntad.

Si hoy estás desilusionado por alguna razón, te conviene dedicarte tiempo a ti mismo y una vez que hayas tocado fondo, tomar acción para cumplir con los objetivos que te propongas; el carrusel no dejará de girar porque hayas decidido bajarte.

Si eres capaz de recuperarte, de volver a soñar, de entender que las caídas son parte de la vida, que sirven para volver a levantarte y que pertenecen a un continuo y constante aprendizaje, ayudarás a que tu trayecto sea más ligero y lo enfrentarás con mejores ánimos. Muchas veces no es tan importante el resultado obtenido sino la forma en la que se camina.

Clarificación: *No es lo mismo...*

- Ajustarse a lo que se puede, que renunciar a todos los placeres.

- Tener un momento de reflexión, que renunciar a la vida.
- Meditar en una situación, que rumiar la melancolía.
- Dejar los problemas en manos de alguien más para que los resuelva, que ser irresponsable.
- Tener fe en el futuro, que descuidarse en el presente.

Relación de testarudez: puntajes altos en la tabla H

Un doctor llevaba sus finanzas de una forma que le acomodaba y que le daba buenos resultados, además de permitirle tener una experiencia holgada. Cuando su consulta disminuyó, sus ingresos dejaron de ser suficientes para seguir solventando el estilo de vida que había logrado. Y aunque le hubiera hecho bien disminuir sus gastos o buscar otra forma de ganar dinero, era tal el nivel de arraigo en sus formas y su resistencia a abandonar su estilo de vida, que comenzó a utilizar sin freno sus tarjetas de crédito y terminó endeudándose.

Al que está atrapado en una relación de testarudez con el dinero, la terquedad lo vuelve intransigente y es capaz de abandonar una actividad a menos que tenga la concesión de hacerlo a su manera. Más allá de creer en sus ideas se vuelve un necio que se aferra a ellas sin posibilidad de complementarlas con la de otros, aunque esté equivocado.

En este caso, no importa cuáles sean sus creencias predominantes acerca del dinero sino la dureza de las mismas. Si cree que el dinero es un medio para un fin, un recurso para la supervivencia, o que se gana haciendo cosas que no le gustan, no habrá manera de convencerlo de lo contrario.

En la relación de testarudez hay algo de obsesión. Una característica sería la de actuar con disciplina exagerada en las finanzas, en este caso, por ejemplo, reservar dinero se convierte no en el medio para cumplir un fin mayor sino en una doctrina obstinada que más que ayudarlo a ser libre, lo encadena a una forma específica de comportamiento. Si tiene la firme convicción de cumplir con una meta de ahorro pero se le presenta un imprevisto, podría enojarse y patalear, pero no por haber gastado obligadamente sino por haber tenido que romper con sus esquemas.

La tensión que provocan los esquemas obsesivos y rígidos terminan endureciendo no sólo sus ideas sino su plasticidad. En un mundo que cambia constantemente, tener la capacidad de adaptarse a lo nuevo es en verdad una ventaja. Las modificaciones en el entorno económico y social se presentan cada vez con mayor rapidez y es mejor que seamos capaces de dejar atrás nuestros viejos paradigmas, para adoptar otros nuevos y más actualizados.

Una persona libre es capaz de adaptarse a cualquier situación. No lo es el que se encasilla en sus formas sin poder cambiar. Si éste es tu caso, aprende a ser más flexible en tu actuar. Te ayudará reconocer que quizás sea el miedo a descontrolarte el que te hace reaccionar, siempre y testarudamente, de la misma forma.

Preocuparte por ser eficaz más que por ser efectivo, por adaptarte a cada situación más que por cumplir con tus esquemas, te ayudará a vivir más relajado, a disfrutar más de la vida y seguramente a obtener resultados más asertivos.

Clarificación: *No es lo mismo...*

- Perseverar en un camino, que volverse un necio.
- Ejercer la voluntad, que exagerar en disciplina.
- Convencerse de lo que uno hace, que obsesionarse con una idea.
- Insistir en una línea, que cerrarse a otras posibilidades.
- Ser determinado, que ser incuestionable.

INDIVIDUALISMO VS. COMUNITARISMO
Relaciones egoístas y de sacrificio con el dinero, tablas I y J
Descripción del conflicto.

Cobrar o pagar lo justo, ser correspondido o corresponder, dar o recibir con igualdad, me lo merezco o no me lo merezco, sus intenciones son honestas o se quiere aprovechar... Son estos algunos de los acertijos en los que piensa el que se ubica en este nivel de conflicto, en la dimensión de la reciprocidad.

En cada uno reside una percepción subjetiva de valor dependiendo de a qué grado necesita o es necesitado. "La ayuda escasea", dicen los desvalidos; "cada persona para sí misma", responden los individualistas. Al que malbarata lo que ofrece le hace falta ser más justo, al que sacia su codicia a costa de otros le hace falta educación. Decía Lao Tse: "el que mucho da y no recibe se vacía, el que mucho recibe y no da se cristaliza".

El dinero se convierte aquí en una retribución, en una iguala o en una compensación que apareja al uno con el otro, que debe ser justa y acomodarse a los dos. ¿Cómo eres tú, ves sólo por ti mismo o ves sólo por los demás?

Relación egoísta: puntajes altos en la tabla I
Una mujer se quedó sin empleo, lo que provocó diferencias económicas en la pareja y un desajuste en la forma de llevar las cuentas del hogar, pues ambos aportaban por igual al gasto. A ella no le gustaba depender de su marido y no le era nada cómodo pedir su ayuda, sin embargo, por la situación que atravesaba, no tuvo alternativa. Fue tal el grado de estrés que esto provocó en ambos que se habituaron a discusiones acerca de quién hacía más que el otro. Eventualmente, terminaron separándose.

El que tiene una relación egoísta con su dinero, construye una coraza que lo aísla en su interior, lo que no le permite ser empático con las necesidades de los demás y sus decisiones van en función de si puede obtener un beneficio personal.

En este caso, el dinero, o algún bien similar, se convierte en el único medio posible de intercambio con otra persona y cualquier contribución desinteresada la ve con ojos de desconfianza; tan pronto alguien le ofrece ayuda, surge la pregunta: "¿cuánto me va a cobrar?" o un pensamiento escamado: "seguro quiere algo". Al tener una relación así, reduce sus acuerdos al marco de transacciones utilitarias y no puede disfrutar de modos desprendidos que le brindarían vivencias fraternalmente más humanas.

El que tiene una relación egoísta con el dinero, piensa sólo en su propio beneficio y no en el bien común. La palabra "espléndido" no figura en su vocabulario y deja ver que, en el fondo es una persona de recursos limitados que teme quedarse sin nada, razón por la que se siente motivado a quitar o a no compartir.

Pero si además se aprovecha de otras personas por medio del dinero, muestra señales de estar inmiscuido en una relación no sólo egoísta, sino abusiva con el dinero. A la larga, estar tan concentrado en salir favorecido, lo ciega a otras alternativas que no derivan en resultados lucrativos sino en satisfacciones incomparables con las de la dimensión material; como lo son las relaciones de verdadera intimidad.

La persona que es libre, puede desprenderse de lo que tiene sin esperar nada a cambio, si así lo quiere. El que sigue la línea del egoísmo, está lejos de ser libre pues rechaza aquello en lo que no ve una ganancia personal, de forma automática. Le ayudaría entonces reconocer que más grande se siente el que comparte, sabiendo que tiene mucho por dar, que el que quiere todo para sí mismo.

Si este es tu caso y encuentras la manera de no sólo pensar en ti mismo, sino en tu propio beneficio a la par del bien común te harás más fuerte; al ser espléndido demuestras que tienes para eso y más. ¿Podrías entonces tener amor por ti mismo pero al mismo tiempo amor por los demás?

Clarificación: *No es lo mismo…*

- Ver por el propio bienestar, que pasar por encima de los demás.
- Exigir lo que te corresponde, que abusar de otros.
- Cuidarse a uno mismo, que desconfiar de todos.
- Aprovechar los beneficios de una relación, que ser utilitario.
- Cobrar lo justo, que tener un ego inflado.

Relación de sacrificio: puntajes altos en la tabla J
¿Recuerdas al señor que confesó, páginas atrás, que su gran debilidad con el dinero era ayudar a los demás? ¿Al que tenía la creencia "si no lo ayudo yo, nadie lo hará" y esa situación lo había hecho perder varias amistades que no le pagaron? La solución que encontró fue que, antes de soltar el dinero, el beneficiado le firmaría un pagaré con intereses. Así, no tuvo que luchar con su emoción, simplemente adicionó algo en la línea de lo que no podía evitar, con lo que logró disminuir el impacto negativo de su condición.

El que padece de una relación de sacrificio es aquel cuyo altruismo es desmedido y tiende a perderse en las necesidades de los demás sin darse cuenta. En el fondo, su comportamiento generoso le hace sentir que sus problemas carecen de importancia en comparación con los de otros.

El que ha desarrollado una relación de sacrificio, ve al dinero como un instrumento para cumplir con su voluntad "desinteresada". Es el alimento con el que nutre al desvalido y la ayuda para el necesitado. El miedo a ser rechazado puede ser un estímulo poderoso para comportarse así. Puede llegar a pensar que le dejarían de querer si al pedirle ayuda la negara. Entonces creerá que vale por lo que da y no por lo que es.

En este caso, la persona no es capaz de poner límites a los demás. Al sacrificarse, no reduce su aportación a los que más lo necesitan sino que extiende su generosidad a todos aquellos que estiran la mano pidiéndole algo, lo merezcan o no. Se deshace de sus recursos aunque sean pocos, algunas veces, con la fachada de ser "el salvador que todo lo puede", y otras, "el alma preocupada por el bienestar del otro".

Dar en exceso sugiere una dependencia a ser necesitado. Tanto necesita el donador del desvalido como él de su patrocinador. Si eres humanitario te das por satisfecho con el contentamiento de aquellos a los que puedes ayudar objetivamente, pero si exageras puedes terminar siendo tú más dependiente de dar auxilio que beneficiado de recibirlo.

Si sólo piensas en las necesidades ajenas y no te das la importancia que te mereces, no te sentirás libre pues tu decisión estará tomada tan pronto alguien diga la palabra mágica: "necesito de tu ayuda", sin importar si tengas o no suficiente para dar. Si te dejas arrastrar por tu impulso, generoso en este caso, no sopesarás las situaciones de manera racional. Te ayudaría entonces aprender a ponerte límites a ti mismo y ponérselos a los demás, sabiendo que la verdadera ayuda es enseñar a otros a pescar y no hacer por ellos el trabajo.

Aprender a entregarte a los demás sin descuidarte, a recibir sin sentirte comprometido y a que tus relaciones se basen en el dar, pero también en el recibir, hará que tu experiencia se complete y te ayudará a no cargar lo que no te toca. Quizás ayudar a otros te haga sentir realizado personalmente, pero si no eres capaz de procurar tu realización financiera a la par, que a veces implicará negar ayuda o pedirla para ti, la fórmula estará incompleta y se romperá el balance.

Clarificación: *No es lo mismo…*

- Desarrollar una conciencia global, que perderse en las necesidades ajenas.
- Ayudar, que desvivirse por los demás.
- Ser un alma caritativa, que renunciar a las necesidades propias.
- Darle preferencia a otro, que anularse a uno mismo.
- Hacer algo por alguien, que creer que vales por lo que le das.

CONFUSIÓN DE ROLES VS. IDENTIDAD
Relación indefinida y enmascarada con el dinero, tablas K y L
Descripción del conflicto.

En este nivel de conflicto encontramos a los que viven con base en roles confundidos e ideologías dispersas. Éstas son características que definen al que se desconoce a sí mismo y que no es capaz de convertir en palabras ni en acciones sus preferencias auténticas. Cuando no se tiene una identidad clara de quién es uno surgen preguntas como ¿qué hacer de mi vida, cómo administrarme, a qué dedicarme o en qué invertir?

Si uno no sabe quién es, no sabrá qué hacer con su dinero. Ya hemos visto que algo tan trivial como pagar con crédito y no con efectivo revela algo de ti. Independientemente de la vía tomada, cuando te muestras indeciso demuestras que no cuentas con una identidad arraigada que te haga actuar en consecuencia. Por ejemplo, si tu identidad te convence de ser una persona a la que no le gusta deber, podrías optar por pagar en efectivo siempre. Si eres una persona a la que le gusta sacar provecho de todo lo que puede, quizás utilices tus tarjetas para pagar una comida, pero no con la intención de que el banco se haga cargo, sino de acumular puntos de fidelidad u otros beneficios.

No habrá cabida para un futuro aproximado hasta que no hayas respondido a la pregunta: ¿quién soy yo? No tener una identidad clara te puede hacer tomar decisiones un día en un sentido y otro día en otro. Si esta forma de relación es la tuya, haz un esfuerzo por conocerte mejor, y encontrarás el parámetro que te ayudará a decidir con mayor facilidad adónde quieres ir, y en consecuencia, qué destino darle a tu dinero.

Relación indefinida: puntajes altos en la tabla K

Un muchacho que iba a comenzar una licenciatura estaba convencido que el diseño gráfico era su pasión. Así que sin siquiera hacer el examen convenció a sus papás de comprarle todos los materiales posibles que pudieran prevenir. Computadora, escritorio, pinceles, lápices, etc., pero se llevaron una gran decepción al poco tiempo pues escucharon a su hijo decir que en realidad quería ser doctor. Sin mucha resistencia corrieron a la tienda a comprar bata, estetoscopio, un kit de primeros auxilios y otras herramientas que seguramente iban a serle necesarias. Parecía el cuento de nunca acabar pues al final de cuentas entró a estudiar pedagogía y dejó la carrera a la mitad para estudiar psicología.

El que tiene una relación indefinida con el dinero irá de lugar en lugar, cambiando sus lealtades dependiendo del contexto en el que esté. Parece que lo que hace efectivamente es lo que más quiere pero no desarrolla un compromiso auténtico y, en su lugar, brinca de un lado a otro para al final convertirse en un conocedor de todo y especialista en nada.

La noción vaga acerca de lo que lo define puede mantenerlo en un estado de inmovilidad por el temor a equivocarse y el dinero toma entonces la cara de una semilla de infinitas posibilidades diferentes que más que animarlo por tener opciones, lo agobian al no presentarse una idea clara de qué es lo que debe hacer con él. Debería entonces ahondar en sus propósitos y desarrollar una noción más clara de sí mismo, para después definir un parámetro interno que lo ayude a saber qué decidir.

En el transcurso de la vida se forma una identidad económica individual que te ayuda a saber qué hacer con el dinero, pero si tu identidad es difusa, sería inesperado que tus comportamientos fueran congruentes entre sí. Si éste es tu caso, apuestas a todo sin concretar en una dirección determinada. Estás abierto a probar casi cualquier cosa sin distinción: un día invertir en un negocio propio, otro día afiliarte a un multinivel, pedir un crédito a un banco para invertirlo en tu idea más reciente y luego aplicar a un trabajo formal para resolver los problemas que dejaron tus decisiones anteriores.

Mientras no sepas con claridad quién eres, cualquier decisión será buena o mala pues, aunque aparentemente en este caso goces de un exceso de libertad, al carecer de una brújula interna que te diga si algo va en línea con lo que quieres o no, puedes aceptar cualquier cosa, al estilo de un volado, no porque hayas elegido con determinación una de dos opciones, sino con la finalidad de terminar con la tensión de no saber qué hacer.

Si reconoces que ésta es una forma de relación predominante en tu caso, procura hacerte de una idea más clara de quién eres. Así, tus elecciones se darán por añadidura, igual que la detección de las oportunidades que te acercan a lo que buscas y, se reducirá la posibilidad de errar y perder un valioso tiempo que no se volverá a recuperar.

Clarificación: *No es lo mismo...*

- No tomar una decisión, que ser indeciso.
- Tener un gusto amplio, que aceptar lo primero que se atraviese en tu camino.
- Cambiar las preferencias en el transcurso de la vida, que ser una persona indefinida.
- Saberse multifactorial, que entenderse como dividido.
- Separar cada situación, que estar disociado.

Relación enmascarada: puntajes altos en la tabla L

Una familia, cuya madre empresaria desempeñaba un alto cargo en una corporación y aplicaba lo que aprendía acerca del camino al éxito en todo lo que hacía, acostumbraba ser muy organizada cuando era la anfitriona de alguna reunión familiar y llevaba siempre una agenda minuciosa para atender a los invitados. Por escrito dejaba lo que tenía que pasar cada quince minutos, incluso cuándo y a qué hora se rellenaban las tazas de café. Era tal el nivel de estrés que generaba en sus hijos que en cuanto cumplieron la mayoría de edad corrieron al primer departamento que encontraron escapando del régimen familiar-empresarial.

El que adopta una forma de relación enmascarada con el dinero actúa de acuerdo al contexto en el que está y tiene la sensación de que algo falta. Aprende a vivir sin autenticidad y se siente orientado a compensar su falta de sentido con formas descolocadas, por ejemplo, intentando hacer de la relación con sus hijos un vínculo gerencial o gastando innecesaria y excesivamente en cosas que no necesitará.

En esta línea, el dinero se convierte en un objeto cambiante dependiendo de la situación en la que está. Si por ejemplo se rodea de personas que se preocupan del futuro, verá al dinero como un recurso que se debe guardar; si se relaciona con empresarios, creerá que se debe invertir; si forma parte de un grupo altruista, creerá que el dinero es para donarlo, etc.

Buscará cubrir sus necesidades verdaderas con paliativos, con parches que sirven de tapones momentáneos. Esto sucede si trabaja en exceso para no confrontarse con la falta de sentido en su vida, si presenta actitudes consumistas por no saber qué es lo importante para él, o bien, si sustituye sus necesidades de recibir y expresar afecto con dinero.

Si tiene un empleo, se colgará la máscara del protocolo empresarial como guía para la vida, no como el estratega o el astuto que disimulan para obtener un beneficio, sino como alguien que cree que es como el contexto le confirma, lo que sugiere un profundo desconocimiento de sí mismo. Se vuelve como un camaleón y toma prestados atributos de los lugares de los que ha formado parte.

El que es libre es capaz de ser él mismo sin importar el escenario en el que esté. Aunque en algunos momentos puede "disimular" o hacer algo para formar parte de un grupo, no deja de tener claro quién es. Si la relación enmascarada aplica a tu caso, debes hacer un esfuerzo por conocerte más.

Sólo hasta que tengas una identidad bien afianzada en tu interior, podrás tomar decisiones sin dejarte llevar por lo que dice el entorno que debes hacer. Un mayor autoconocimiento, te dará la seguridad que te falta en ti mismo y aclarará la ruta que haz de seguir para llegar adonde quieres.

Clarificación: *No es lo mismo…*
- Adaptarse a un escenario, que creer que se es como el contexto lo confirma.

- Hacerse de herramientas efectivas, que hacer de la vida un camino al éxito.
- Encajar en un grupo, que ser lo que los demás quieren que uno sea.
- Hacer lo aceptable, que darle gusto a los demás.
- Ser diplomático, que ser camaleónico.

IMPULSIVIDAD VS. AUTODOMINIO

Relación consumista y controladora con el dinero, tablas M y N
Descripción del conflicto.

En este nivel de conflicto encontramos al autodominio como un elemento central a la dinámica que va del extremo de dejarse arrastrar por las emociones, al opuesto de no dejarlas coexistir en absoluto. Esta dimensión abre el espacio para hablar de relaciones consumistas y controladoras con el dinero.

Existe una relación íntima entre los dos casos, aunque parezcan irreconciliables ambos parten del mismo lugar: las emociones, sólo que cada uno reacciona de forma diferente ante su presencia. Fíjate bien, el impulsivo que vive en el presente y gasta todo lo que tiene a la mínima provocación, se deja llevar por el impulso: "sí gasto", su contrario, el controlador que no suelta bajo ninguna circunstancia, se deja llevar por el impulso: "no gasto".

El que vive demasiada vida terminará por consumirse y el que vive demasiada poca por endurecerse. ¿Cómo lidias tú con tus emociones, te dejas llevar o te preocupas por tenerlas controladas a como dé lugar?

Relación consumista: puntajes altos en la tabla M

Conozco a alguien que gana bien por el trabajo que desempeña pero una y otra vez termina siendo víctima del arrebato al que no se puede resistir. Paga cantidades exorbitantes por algo que no vale lo que cuesta con el pretexto de darse satisfacción. Todos los días gasta, a una hora un café, a otra un chocolate, luego come fuera, en la tarde otro café, en la noche pide de cenar a domicilio, en fin, no hay mes que no termine en ceros.

Una relación consumista con el dinero se personifica por aquellos que actúan sin pensar y luego se arrepienten cuando se dan cuenta de haber dado rienda suelta a sus impulsos.

El dinero para ellos se convierte en un recurso que debe ser utilizado en cualquier cosa que produzca una satisfacción momentánea. Se ve como el boleto para entrar a la feria o la moneda con la que se paga el dulce que da una experiencia placentera al paladar. Se vuelve un sonsacador que incita a su "deseo de obtener placer" a avorazarse sobre lo más sabroso; y, si no se tiene, se convierte en un ente restrictivo que origina rabietas.

Al que tiene una relación así, se le emberrincha el alma al no obtener lo que busca y es que no se le puede persuadir de demorar la gratificación de sus deseos si el placer es su fin último en la vida. El consumista no se preocupa por pagar las deudas que le dejan atorado en el pasado pero tampoco piensa en su futuro. Si tiene 100 pesos se gastas 100 pesos, cíclicamente, quedándose una y otra vez en ceros.

Cuánto le ayudaría entonces practicar técnicas de postergación de sus deseos, por ejemplo, extendiendo el tiempo de espera para satisfacerse, poco a poco, comenzando por una hora, luego con dos y así sucesivamente para después, pasado un tiempo, darse cuenta que la urgencia de gastar no es tan meritoria como parece. Ponerse una meta en días de abstinencia y llevar un registro de cuánto ha acumulado sin recaer, le ayudará a tener una sensación de avance y fortalecerá su motivación por dejar atrás su comportamiento consumista.

¿Te reconoces como el consumista? Date cuenta que no podrás ser una persona libre mientras te dejes arrastrar por cada emoción que se te presente. Considera aprender a hacer presupuestos que te ayuden a orientar tus decisiones y a desarrollar hábitos constructivos, como mantener tus tarjetas en ceros, ahorrar 10% de lo que ganas, revisar más a menudo tus estados de cuenta o llevar un registro de tus transacciones monetarias.

Si éste es tu caso, bien te hará encontrar un remedio a tu glotonería y demorar tus satisfacciones aprendiendo a lidiar con la frustración de no tener lo que quieres en el momento. Mientras no te acostumbres a manejar tu dinero pensando antes de actuar, no podrás ver en tus resultados las consecuencias de una verdadera decisión.

Clarificación: *No es lo mismo...*

- Estar determinado, que actuar por impulso.
- Actuar con gusto, que ser incapaz de ponerse un límite.
- Resolver un problema inmediato, que tener una visión corta.
- Cambiar una decisión, que brincar de un lado a otro.
- Cumplirse un deseo, que ser consumista.

Relación controladora: puntajes altos en la tabla N

Un contador era verdaderamente ordenado en la administración de sus gastos. Sabía exactamente a dónde se iba cada peso y cada centavo que utilizaba, y escogía de todas las opciones, siempre la más barata. Con el paso del tiempo se convirtió en una persona tacaña y desarrolló creencias que le confirmaban que gastar era malo y ahorrar bueno, mismas que enseñó a sus hijos. Fue tal el grado de arraigo a ellas que pasados unos años, aun teniendo la posibilidad de vivir sin trabajar por el resto de sus días gracias a sus cuantiosos ahorros, no pudo más que seguir trabajando.

El que es portador de una relación controladora con el dinero, es exageradamente ordenado con sus finanzas, su forma de actuar es disciplinada y se revuelca de angustia cuando, según sus cuentas, le falta dinero.

En este caso, su dinero se convierte en un recurso racionado de acuerdo a sus prioridades y sus intenciones. Además, sus esquemas repetitivos y sobreestructurados hacen de su ritualismo una obsesión fundamentada en el seguimiento preciso y absoluto de sus propias leyes, métodos y reglamentos que terminan por dejarlo sin posibilidades de mover las velas de su barco.

La persona que ha adoptado esta forma de relación está obligada a prestar una atención exagerada a los detalles pretendiendo una sensación de control. La necesidad de orden excesivo es una derivación de su intolerancia a la espontaneidad de la vida y al libre actuar, reflejo del miedo por perder las riendas de su mente.

No gasta su dinero a menos que haya dedicado tiempo suficiente (exagerado quizás) para hacer su presupuesto. Una vez comenzado el mes actúa con base en su plan y cualquier imprevisto lo saca de quicio y lo hace sentir culpable si se siente obligado a modificar sus métodos preconcebidos.

Si éste es tu caso, te ayudará darte cuenta que en la medida en la que tu planeación se vuelva más rigurosa, también se reducen tus posibilidades de disfrutar y de vivir en plenitud. De todos los hábitos financieros, registrar los números para tener unas cuentas controladas es de los más importantes, cierto, pero cuando esta necesidad de orden se convierte en una obsesión descontrolada, te estás privando de aprovechar la única vida que tienes.

Debes relajarte y comprender que, la preocupación por tener las cosas controladas en tu mente es una fantasía y que, aunque te da la sensación de tener todo bajo control, no te da el poder para prevenir imprevistos ni anticiparte a las oportunidades que llegan a tu puerta y que no se volverán a repetir.

Clarificación: *No es lo mismo…*

- Apegarse a un plan, que ser incapaz de improvisar.
- Hacer presupuestos, que renunciar anticipadamente a una oportunidad inesperada.
- Postergar un deseo, que privarse de disfrutar.
- Ser ordenado, que ser obsesivo.
- Prevenir las acciones, que reprimir la posibilidad de disfrutar.

• RESUMEN PARA TU EXPERIENCIA •

Dependiendo de la forma de relación que tengas con tu dinero, te sitúas en un continuo de niveles diferentes que determinan un conflicto existencial a tu medida y que se refleja a nivel de tu economía.

¿A qué te comprometes?

☐ Seré más consciente de mi comportamiento con el dinero a partir de hoy.

☐ Haré un esfuerzo por desarrollar mejores formas de relación con el dinero.

☐ Adoptaré una mentalidad que me ayude a decidir libremente.

¿Cómo llevarás tus compromisos a la práctica?

1_

2_

3_

Después de haber revisado este capítulo, ¿de qué te das cuenta ahora y qué vas a hacer con eso?

4

LA LIBERTAD FINANCIERA

¿Sabes qué es la libertad financiera? Es tener la cantidad de dinero suficiente para vivir como quieres, pero además, tener el tiempo para disfrutar de él. Se podría expresar de la siguiente forma:

$$(Dinero + Tiempo) = (Libertad + Satisfacción)$$

A veces lo que pasa es que puedes ganar bien, pero carecer del tiempo para disfrutar de lo que ganas. Otras veces, sucede que tienes todo el tiempo disponible, pero no el dinero que necesitas para vivir como tú quieres. Lo que revisarás en el presente capítulo te ayudará a que ambos aspectos de la ecuación se presenten al mismo tiempo.

EL CAMINO HACIA LA LIBERTAD FINANCIERA

Psicológicamente, la libertad financiera es similar a un estado de realización. Es la consecuencia de desarrollar actitudes de éxito financiero, de aprovechar tus fortalezas para emprender un camino de abundancia, de desarrollar métodos para producir ingresos que cada día requieran menos de tu presencia, y de tener la disposición para disfrutar de la vida y del trabajo.

Para obtener libertad financiera se necesita cumplir, en principio, con las siguientes cinco condiciones:

1. Una motivación lo suficientemente poderosa para lograrlo.
2. El hábito de desarrollar tu inteligencia financiera.
3. Una idea o un negocio redituable que solucione la necesidad de muchas personas.
4. La actitud, las habilidades y los conocimientos adecuados para hacer que el dinero sirva al objetivo.
5. Un plan que te guíe en el camino.

Es momento de ver algunas ideas relacionadas al significado psicológico y económico de los ingresos, los gastos, el ahorro, la inversión y la deuda, para más adelante presentarte siete indicadores que podrás replicar cada mes para controlar tus finanzas con el propósito de ayudarte a saber si, lo que haces con tu dinero, te sitúa en el camino de la libertad o en el de la esclavitud financiera.

EL INGRESO

¿Lo que ganas te ayuda a vivir con libertad?

En un sentido estricto, un ingreso es el derecho ganado en forma de pago a cambio de un trabajo o la venta de un producto. Psicológicamente es una idea que se relaciona con la capacidad de manifestar el pensamiento y de ejercer la voluntad. La forma en la que aceptamos dinero, pone en evidencia las estimaciones subjetivas que hacemos de nosotros mismos, de nuestro trabajo y del valor que creemos tiene lo que ofrecemos; nos sirve de parámetro para saber qué tan merecedores nos sentimos. Cada quien vive en un mundo a su medida, actuamos de acuerdo a lo que esperamos recibir y aceptamos magnitudes dependiendo del tamaño de nuestras creencias.

Para adquirir libertad financiera necesitas generar ingresos. Dependiendo de cuánto dinero puedas producir, y de cuánto tiempo tengas que dedicarte a ello, el camino para cumplir con el objetivo será fácil o difícil, rápido o lento, inmediato o lejano y lo que marcará la diferencia es tu mentalidad del dinero y del trabajo. Si hoy no ganas lo suficiente para que tu vida sea como la quieres y la solución que se te ocurre es extender tu jornada laboral, o tener varios trabajos, no estarás pensando en línea con el objetivo que se pretende; recuerda que lo que buscamos es tener dinero y tiempo a la vez y ninguna de las alternativas te dejará con más horas en el día.

La forma en la que generas ingresos figura como uno de los elementos determinantes para adquirir libertad financiera:

- El dinero que puedes producir es, o no, suficiente para gozar de la vida como quieres.
- La forma en la que ganas dinero puede requerir de tu presencia, mucho o poco tiempo; si es mucho, tendrás menos tiempo para disfrutar de tus ganancias.
- Tu trabajo puede gustarte y dejarte satisfecho al finalizar el día o puede dejarte fastidiado.

- Tener una sola fuente de ingresos puede ser una condición limitante para solventar la vida que esperas.

Algo que debes saber es que existen diferentes tipos de ingresos, y ahí es donde encontrarás la clave para lo que buscas.

Ingreso lineal

Este tipo de ingreso es de los más comunes, es el que obtienes cuando trabajas una hora y te pagan una hora, o vendes un producto y te pagan un producto. El trabajo en un empleo tradicional, en el que periódicamente se recibe un pago por una cantidad de horas trabajadas, es un típico ejemplo de este tipo. Lo mismo la venta de horas de servicio, como sucede en el autoempleo. Pensarías en un ingreso lineal si, por ejemplo, lavaras coches por tu cuenta.

Ingreso multiplicado

Una variación al ingreso lineal es que trabajes una hora pero te la paguen muchas veces, por ejemplo una sesión grupal al mismo costo para todos, o si reunieras a varios clientes para que te compraran todos en la misma reunión. Pensarías en un ingreso multiplicado si quisieras poner un centro de autolavado que te permitiera atender a varios automóviles a la vez.

Ingreso pasivo

Este se refiere al ingreso que se produce sin necesidad de hacer mucho trabajo, incluso puede seguirse produciendo mientras estás dormido y no requiere tu presencia. En este tipo de ingreso encontramos el comercio por Internet, la formación a distancia, las revistas electrónicas y otros más. Este tipo de ingreso es bien conocido por accionistas, inversionistas y dueños de negocio que tienen a personas trabajando para ellos. Pensarías en un ingreso pasivo si les dieras a un grupo de personas el equipamiento necesario y acordaras con ellos pagar una comisión por cada coche lavado.

Ingreso residual

El ingreso residual se refiere a la ganancia de un trabajo hecho una vez y que se cobra muchas veces. Aquí se encuentran los diseños y las ideas patentadas, los negocios de multinivel, los alquileres de distintas propiedades, las regalías, etc. Pensarías en un ingreso residual si escribieras y luego vendieras un manual que explicara un método para lavar coches o si tu marca de lavado de autos se convirtiera en una franquicia.

Generar más dinero no está en función de la cantidad de horas que trabajes, está en encontrar la forma de desarrollar fuentes de ingreso que no requieran tu presencia o que requieran sólo un poco de tu tiempo. Actualmente, muchas personas, además de tener su fuente de ingresos principal, se hacen de otras adicionales. Si te gusta tu empleo o el negocio que emprendes, no tienes por qué dejarlo, ni tomar una decisión arrebatada para irte con el mejor postor, en lugar de eso, será mejor que amplíes inteligentemente la oferta de soluciones que puedes ofrecer a los demás.

Recomendaciones:

- Ten una fuente de ingresos a la que le dediques la mayoría de tu atención y esfuerzo.
- Posteriormente, hazte de al menos de otras dos fuentes diferentes que no requieran de tu presencia y que no distraigan tu atención de la fuente principal.
- Piensa en cómo generar mayores plataformas de ingresos residuales y pasivos, no te quedes con la idea de tener que hacer todo tú mismo o de tener que estar siempre de cuerpo presente.
- Cada año aumenta una fuente de ingreso sin descuidar las anteriores, si necesitas ayuda ¡pídela!
- Aprende a delegar y participa en proyectos con otras personas, en equipo se puede lograr más.

EL GASTO

¿Todos tus gastos son tan necesarios?

El gasto es la salida de dinero como forma para intercambiar valores. Al aceptar algún producto o servicio, adquieres la obligación de pagar por él. Psicológicamente el gasto representa el comportamiento de soltar, dar, dejar pasar, dejar fluir. Cuando el gasto es desmedido podemos hablar metafóricamente de una diarrea financiera y cuando nos aferramos a él, de un estreñimiento. La experiencia de soltar es uno de los temas más trascendentales en la vida de una persona. Las despedidas, el término inevitable de la vida, el cambio de una etapa a otra, el cierre de una fase o de un periodo, etcétera.

A través del gasto nos hacemos de experiencias, pero si éste es desmedido nos volvemos dependientes del trabajo pues cada que se vacía la cartera debemos de hacer algo para llenarla otra vez. Varias veces he escuchado a personas hablar de lo difícil que es no quedarse en ceros al finalizar la quincena y no dudo que en muchos casos sea así, pero la pregunta que hay que hacerse es ¿qué es lo que provoca esta situación desde un principio?

El papel de los gastos en la adquisición de libertad financiera también es crucial:

- Si planeas tus gastos en función de lo que ganas, estarás destinado a trabajar eternamente. Así lo demuestran los que al recibir un aumento incluyen en su presupuesto otros rubros que antes no podían darse el lujo de pagar, en lugar de pensar en cómo sacarle más provecho al ingreso adicional.

- Si en tu presupuesto sólo hay gastos, limitarás el crecimiento de tu economía desde el inicio, por lo que habrás de incluir en él, un rubro para el ahorro y uno para la inversión.

- Si te deshaces de gastos innecesarios, tendrás más dinero disponible para ahorrarlo, pagar tus deudas más rápido o para invertirlo posteriormente. Una actitud adecuada en

este sentido es acostumbrarse a vivir con el mínimo indispensable e invertir el resto para que se convierta en
más dinero.

- Para tener dinero disponible hay que gastar menos; la vida
puede ser más simple, somos nosotros los que la volvemos
complicada cuando confundimos deseos con necesidades y cuando creemos que todo por cuanto pagamos es
indispensable.

Para ayudarte a aclarar qué tanto estás complicándote la vida, considera la siguiente clasificación de gastos de acuerdo
a su clase.

Gastos de supervivencia o necesarios

Gastos que son verdaderamente necesarios o indispensables para la existencia, de los que depende tu seguridad física,
mental y emocional o la de otros de los que eres responsable.
Por ejemplo, el pago de una renta y de los mantenimientos,
servicios públicos, la comida, medicinas, los seguros médi-
cos, artículos de higiene personal, doctores, terapias físicas
y psicológicas, pago de impuestos, pañales, muebles, teléfonos celulares...

Gastos para que alguien más lo haga por ti

En esta categoría encontramos los gastos cuya finalidad
es hacernos la vida más ligera, por ejemplo la mensualidad
del coche y los gastos necesarios para que funcione, como la
gasolina, los servicios y reparaciones, etc. También encontramos aquí los servicios de limpieza, mudanzas, las propinas o
el pago que damos a los que nos ayudan.

Gastos de placer, diversión o gustos

Son los gastos deseables, que al ejercerlos, te proveen de
entretenimiento o te dan experiencias de placer. Por ejemplo,
la televisión de paga, cafés y salidas, taxis, electrodomésticos,

cigarros, golosinas, comidas en restaurantes, ropa y artículos para vestir, vacaciones, cine y teatro, salón de belleza, Spa...

Gastos para beneficiar a otros

Estos son los gastos en los que se destina una cantidad en beneficio de los demás o para dar gusto a otros. Por ejemplo donaciones, necesidades de la pareja, regalos de cumpleaños y de navidad, ayudas económicas, préstamos...

Gastos para desarrollo individual

Aquí encontramos las inversiones en ti mismo o en aquellos que patrocinas y que fomentan crecimiento interno y bienestar en todos sus sentidos. En este rubro van libros, escuelas, el gimnasio, tratamientos de belleza, actividades de desarrollo no académicas, cursos, talleres, retiros, clases diversas... Este tipo de gastos, cuando se destinan para desarrollar tu capacidad o ayudarte a producir más dinero, aunque sea indirectamente, puedes incluso clasificarlos como inversiones.

Generar conciencia de ti mismo mediante tus gastos te ayudará a tomar decisiones inteligentes que te encaminen hacia la libertad financiera. Aprender a llevar un registro de lo que haces con el dinero, y hacer un reporte cada mes para analizar tu comportamiento, a través de tus resultados financieros, te demostrará si el destino que le das a tu dinero es congruente con lo que quieres para ti.

Recomendaciones:

- Acostúmbrate a gastar en función de un presupuesto, planea antes de iniciar el mes lo que harás con tu dinero.
- No te olvides de incluir en tu presupuesto un rubro de ahorro o inversión y balancea adecuadamente el porcentaje de gasto en las categorías propuestas.
- Reduce tus gastos diarios al mínimo e incrementa el número de días en que no gastes en absoluto.

- Lleva un registro de tus gastos y haz un comparativo cada mes.
- Acostúmbrate a vivir con poco dinero y olvídate de pensar que ganando más dinero podrás gastar más, mejor inviértelo.
- El mejor gasto es el que te permite convertir tu dinero en más dinero, aunque sea indirectamente.

EL AHORRO

¿Apuestas hoy por tu futuro?

Ahorrar es la acción de guardar dinero y no utilizarlo sino hasta algún momento en el futuro, cuando lo decidas o cuando tengas que hacerlo. Refleja tu voluntad y es la prueba última de no ser presa de los impulsos y de las emociones momentáneas. Responde ciertamente a una cuestión de hábitos y varios autores hablan de él como el pago que te haces a ti mismo. Nuestra actitud ante el ahorro es uno de los temas que más creencias y miedos revela de nosotros mismos en cuanto a las ideas que tenemos del porvenir y es síntoma tanto de una vida descuidada cuando no se practica, como de una aprensiva si se hace en exceso. Tiene que ver con los funcionamientos de conservar y retener. Por otro lado, el ahorro refleja el estado de nuestro radar autopreservativo.

El ahorro es el remedio para la dependencia y la esclavitud. El nivel de riqueza expresa cuántos días podrías vivir sin trabajar de acuerdo al estilo de vida que llevas. Es decir, si por alguna razón te quedaras sin tus fuentes de ingreso, tu nivel de riqueza (ahorros) determinará el tiempo que estarías respaldado para no tener que preocuparte por el dinero.

Las implicaciones que tiene el hábito del ahorro para emprender un camino de libertad financiera son de gran trascendencia:

- El ahorro te permite ser autónomo y te ayuda a no depender de terceros para solventar tus gastos.
- El ahorro es la base de la riqueza y de la seguridad en el presente y en el futuro; sirve para afrontar imprevistos.

- Cuando tienes suficientes ahorros como para no tener que trabajar, ¡trabajarás por gusto! Algo que sin duda te dejará una mejor experiencia.
- La riqueza se mide en función de tus ahorros.
- Considera la clasificación de los siguientes tipos de ahorro de acuerdo a su función. Te ayudará a comprender mejor la importancia de esta práctica.

Ahorros para imprevistos

Son los ahorros que se realizan para tener mayor seguridad para afrontar imprevistos u oportunidades que no te gustaría desaprovechar.

Ahorros para el retiro

Esta categoría se basa en tu cuenta para el retiro, es decir en ella se incluye el dinero que tiene la finalidad de solventar tus gastos en el futuro cuando ya no quieras trabajar y debería ser intocable hasta que llegue ese momento y lo tengas que utilizar.

Ahorros para fines específicos

Este tipo de ahorro sirve para comprar cosas o darte gustos que no podrías pagar con lo que ganas en un mes y te ayuda a prescindir de tus tarjetas. Por ejemplo, cuando ahorras durante un tiempo para comprarte un coche, para tomar unas vacaciones, para adquirir boletos para algún evento o para prevenir los regalos de navidad.

Ahorros en forma de patrimonio

En esta categoría encontramos las propiedades que ya tienes liberadas a tu nombre como casas, terrenos, locales, departamentos, autos, etc. Si estás pagando una hipoteca y aún no has liquidado el total, se trata de una deuda, así que no debería incluirse en este rubro.

Ahorros en especie

En esta categoría se incluyen todas las cosas de valor que en algún momento puedes vender si necesitas dinero rápido. Por ejemplo, computadoras viejas, libros, ropa que ya no usas, estéreos, televisiones, etc.

Cuentas por cobrar

Aunque esta categoría no es propiamente un ahorro, se trata de dinero que es tuyo y que no puedes gastar porque no lo tienes en tus manos. En ella se incluyen el dinero que te deben ya sea porque lo prestaste o porque no has hecho efectivas tus facturas.

Si no estás acostumbrado a ahorrar algo de lo que ganas y tienes la creencia "para ahorrar necesitaría más dinero", te estás convirtiendo en una persona que "nunca tiene dinero". Aun cuando estés hasta el cuello de gastos y deudas, y aunque no sea el 10% de tus ingresos, ahorrar tendrá un efecto importante a nivel de tu programación; bastarán 50 o 100 pesos al mes, o menos, para dejar un registro en tu memoria no sólo de tener dinero siempre, sino de ¡siempre tener más!, por poco que sea. A corto plazo, este comportamiento te hará pensar diferente acerca de ti mismo y de tu economía. Para ahorrar no se necesita de mucho, sino de un cambio de mentalidad y de la determinación de vivir una experiencia diferente a la habitual.

Recomendaciones:

- Ahorra al menos el 10% de los ingresos que recibes. Si puedes más, ahorra más, si tiene que ser menos, ahorra menos.
- Destina una parte de ese 10% para imprevistos y otra para tu futuro, y que sea intocable.
- Elimina gastos innecesarios y deposita ese dinero en una cuenta de ahorro.
- Ten dos cuentas de efectivo. En una, mantén el saldo suficiente para cumplir con tus compromisos del mes, en otra deposita sólo lo que esté destinado al ahorro.

- En tu cuenta de gasto corriente, mantén el saldo suficiente para cubrir los gastos de un mes por adelantado.
- No te confíes de tener muchas cosas a tu nombre o creer que por comprar muchos departamentos o coches tendrás unas finanzas sanas. Así como la principal causa de fracaso de una empresa es la falta de liquidez, en las finanzas personales sucede lo mismo.

LA INVERSIÓN

¿Cómo conviertes tu dinero en más dinero?

La inversión es el reflejo de la intención de apostar por una vida de abundancia. Invertir tiene que ver con una actitud ante la vida en la que se sabe que hay que dar para recibir y que cualquier recurso disponible puede ser utilizado para que dé los mejores beneficios. La inversión se asemeja a la actitud de sacarle jugo a la vida, de ser proactivo, de obtener más de lo que das y de aprovechar los recursos que tienes a tu alcance.

Desarrollar una mentalidad inversionista es en realidad el secreto para gozar de libertad financiera:

- El dinero puede convertirse en más dinero si aprendes cómo hacerlo. Si tu dinero lo utilizas sólo para gastar, restarás su efecto multiplicador.
- Comprar una nueva televisión para la sala de tu casa, sería un gasto, no una inversión. Si decides venderla, habrá que restarle el valor de su depreciación, con lo que no habrás convertido el dinero en más dinero sino todo lo contrario. Pero si utilizas tu televisión para montar en tu casa una sala de cine y armas un grupo de "cine debate", estarías, entonces sí, pensando en inversión.
- Existen algunos tipos de inversiones que te producirán dinero sin que sea necesaria tu presencia. Estos son a los que se les debe apostar. Cuando tengas fuentes de ingreso a tu nombre, que produzcan ganancias sin depender de ti, entonces sabrás lo que es la libertad financiera: siempre

vendrá más dinero ¡y no tendrás que preocuparte por que suceda!

- El dinero que se deja en una cuenta de banco, pierde su valor con el paso de los años, en lugar de sólo ahorrarlo es mejor invertirlo, cuidando de no sobrepasar el límite de riesgo que estés dispuesto a correr.

En el terreno financiero, uno de los mitos acerca de las inversiones es que se necesita mucho dinero para hacerlo, pero en el fondo, la inversión no significa otra cosa que convertir dinero en más dinero, por poco o mucho que éste sea. Te planteo un ejercicio: ¿Qué harías para convertir un billete de 50 pesos en uno de 100 pesos en una semana? La única condición es que no sean ventas directas (como comprar paletas para revenderlas). Toma un minuto y realiza el ejercicio ahora, anota tus respuestas.

Las ideas que se te ocurran pueden estar en la línea del autoempleo, por ejemplo, como: comprar un disfraz y dar un espectáculo cobrando las entradas. También hay ideas que pueden ir en la línea del empresario, como comprar equipamiento para algo y luego poner a alguien más a trabajar. Por último, podrás tener ideas que van en la línea del inversionista, como lo es hacer una rifa del billete de 50 pesos, o prestarlos y cobrar un interés.

Si este ejercicio nos demuestra que efectivamente 50 pesos pueden convertirse en 100 en una semana, entonces 100 pesos se pueden convertir en 200 en una más. De hacerlo así, a los seis meses podría haberse generado una cantidad importante de dinero que nos serviría para hacer una inversión aún mayor. El asunto es ¡moverse!, y no gastar el dinero que entra, sino convertirlo en más.

De acuerdo a cómo funcionan las inversiones, éstas pueden clasificarse de la siguiente forma:

Inversiones en instrumentos financieros

En esta categoría se incluyen los fondos bancarios o gubernamentales, las participaciones en cajas de ahorro u otras opciones que están reguladas y que alguien más se hace cargo de administrar.

Arrendamientos

En esta categoría encontramos la compra de medios de producción. Por ejemplo comprar un departamento para luego rentarlo, igual que maquinaria o equipo especializado, automóviles, etc.

Inversión en talentos y negocios (tuyos o de otros)

Aquí encontramos la aplicación de recursos para el desarrollo de talentos que se pueden convertir en fuentes generadoras de dinero, ya sean tuyos o de alguien más. Por ejemplo estudiar algo, tomar clases para desarrollar tus habilidades y luego ofrecer algún servicio. Si no son los talentos, puede invertirse el dinero para comprar productos y luego venderlos o pagar los sueldos de personas que presten sus servicios.

La inversión no requiere forzosamente de grandes cantidades de dinero ni de instrumentos estandarizados. Una buena idea con organización y perseverancia puede ser suficiente como para producir ingresos, igual que el desarrollo de un talento cuando se practica con disciplina.

Recomendaciones:

- Conoce tus opciones de inversión, no te cases con la idea "para invertir se necesita mucho dinero", un simple billete de 50 pesos puede convertirse en 100 en el lapso de una semana.
- En lugar de pensar en vender cosas para ganar dinero, mejor piensa en cómo sacarles provecho.
- Invierte en incrementar tu inteligencia financiera y en tu desarrollo personal, ésta será siempre la mejor inversión que podrás hacer.

LA DEUDA

¿Qué tan encadenado estás a tu pasado?

Se entiende por deuda la obligación de resarcir o pagarle a otra persona por los bienes o servicios disfrutados anteriormente y que no se liquidaron en su momento; la deuda es pagar en el presente algo que disfrutaste en el pasado. Las deudas hablan de cumplir con las promesas dadas, de responder a obligaciones contraídas y de hacer saber a los demás que pueden confiar en ti y en tu palabra. Las deudas sin solventar hablan de una persona que no se ayuda a pasar al siguiente nivel, que se estanca. Deber se puede convertir en una adicción, como con las drogas, el tabaquismo o el alcoholismo.

Cuando tus deudas te mantienen dependiente de un trabajo, de tu negocio o de alguien más, se limitan tus posibilidades de gozar de libertad financiera. Una deuda que no liquidas, es como tener una astilla clavada en el pie que te recuerda que tienes un pendiente que cumplir. Funciona como un amarre que no te permite seguir adelante o aspirar a algo diferente hasta que te liberes de ella.

Mantener una deuda, para algunas personas, es representativo de la incapacidad para cerrar ciclos. Sin importar la forma en la que se haya adquirido, es como quedarse atorado a la mitad del camino y evitar que la energía siga su curso natural. Un ciclo que comienza eventualmente habrá de cerrarse, lo que deriva en la posibilidad de continuar con otro ciclo y así sucesivamente. Si quieres instalarte en un departamento vacío, por ejemplo, puedes hacerte de un mueble a la vez con lo que poco a poco irás aumentando líneas en tu inventario. Primero la cama, luego el refrigerador, seguirá la televisión, después el comedor, etc. No liquidar una deuda y en su lugar pagar sólo los saldos mínimos es como si te mantuvieras pagando la cama a lo largo de los años sin poder llegar a la televisión y mucho menos al comedor.

La deuda puede ser también el resultado de un desconocimiento de las consecuencias e implicaciones de nuestros actos o puede surgir como respuesta a la creencia "la vida seguirá eternamente siendo la misma". Como sucede con las personas que incrementan sus deudas confiándose en los ingresos que todavía no han recibido pero dan por hecho que llegarán.

Las deudas, al igual que los gastos desmesurados, son obstáculos para emprender el camino hacia la libertad financiera:

- Los pagos mensuales de tus deudas, cuando ya no sean necesarios, te servirán para invertir en algo que te produzca más dinero.
- Cuando tienes deudas, en lugar de aprovechar el dinero para apostar por tu futuro, éste se consume por los compromisos con los que no cumpliste en el pasado y que ahora debes afrontar.
- La deuda te esclaviza con trabajo futuro a tu prestamista, si quieres pensar en "libertad", primero tendrás que estar libre de cargas.
- El uso de una tarjeta de crédito puede darte la sensación de ser "muy libre" pues te permite gastar en el momento lo que no tienes, pero esa libertad es una fantasía y un problema hacia el futuro ya que, en algún momento, tienes que regresar ese dinero, con sus respectivos intereses, por supuesto.

Revisa las clasificaciones que podrías hacer de tus deudas con la finalidad de generar mayor conciencia.

Tarjetas de crédito y créditos personales

Como su nombre lo indica, aquí agrupamos a las deudas generadas por utilizar tarjetas de crédito, líneas de crédito personales y tarjetas departamentales. También incluimos aquí los préstamos de nómina y los créditos revolventes. Frecuentemente estas deudas corresponden a compras y al gasto corriente, que en lugar de haberse pagado en efectivo, se pagaron con crédito.

Hipotecas

En este apartado incluimos los pagos mensuales de hipotecas para comprar terrenos, casas o departamentos. Algunas personas piensan que estar pagando una hipoteca es una inversión, pero la realidad es que mientras no tengan las escrituras liberadas a su nombre, se trata en realidad de una deuda.

Financiamientos

En esta categoría encontramos las deudas adquiridas que se dieron como un préstamo para hacerte de algún bien mayor. Por ejemplo, el financiamiento de un automóvil o el financiamiento de colegiaturas por medio de un fondo para la educación.

Préstamos y facturas pendientes

Aquí van las deudas adquiridas por omisión de pago como son los impuestos no pagados, los préstamos que te hayan hecho familiares y amigos, facturas de servicios que no hayas liquidado, dinero que te han dado para salir de apuros y que tendrás que regresar.

Uno de los remedios más efectivos para un deudor es comenzar a vivir con base en el efectivo. Este cambio le dará la oportunidad de valorar realmente lo que cuestan las cosas. Vivir del crédito es vivir en una fantasía, en una inflación, en una percepción poco realista.

Recomendaciones:

- Termina con tus deudas, no te quedes atorado en el pasado.
- Apuesta más por tu presente y reserva para el futuro. Recuerda que la relación con el dinero que ve al pasado esclaviza, la que ve sólo al presente genera dependencia y la que ve al futuro propicia seguridad.
- La deuda que te compromete a seguir trabajando para pagarle a alguien más lo que pagó por ti, es de las deudas más debilitantes que puedes adquirir.
- Acostúmbrate a vivir la vida con base en el efectivo que tienes disponible, mantén tus tarjetas de crédito siempre en cero.
- Si has elaborado un plan de pagos, apégate a él y no dejes pasar ni un día de retraso. Cuando fallas a tus compromisos la energía se anuda.
- Si estás en un problema, asesórate, acércate a las personas que han estado en tu situación, que saben qué hacer o que tienen un comentario valioso para ti.

• RESUMEN PARA TU EXPERIENCIA •

Adquirir libertad financiera significa tener el suficiente dinero para vivir la vida como quieres, pero con el tiempo para disfrutarla. Dependiendo de tus hábitos financieros, podrás asegurar u obstaculizar tu emprendimiento en un camino así. Comportamientos que ayudan a desarrollar libertad financiera son: tener varias fuentes de ingreso, vivir con lo mínimo indispensable, ahorrar para afrontar imprevistos, invertir para hacer que tu dinero se convierta en más dinero y liberarte de tus deudas.

¿A qué te comprometes?

- ☐ Desarrollaré, año con año, una fuente adicional de ingresos a mi nombre.

- ☐ Procuraré llevar mis gastos al mínimo indispensable.

☐ Ahorraré para imprevistos e invertiré en algo que me produzca más dinero.

¿Cómo llevarás tus compromisos a la práctica?

1_

2_

3_

INDICADORES DE LIBERTAD FINANCIERA
Las decisiones financieras se toman con información

¿Vas en camino hacia la libertad financiera?

Hace tiempo un familiar mío tuvo que ir al doctor. El consultorio estaba en una zona que él no conocía y después de dar varias vueltas se perdió. Cuando me llamó por teléfono para preguntarme si podía ayudarlo a encontrar el camino sonaba bastante preocupado. Lo que se nos ocurrió para encontrar una ruta de salida fue consultar en Internet algún mapa de la ciudad ya que tenía yo una computadora a la mano. Y así mientras él me decía las calles por las que iba atravesando, yo le daba una dirección para llevarlo a su destino. Partiendo de esta imagen, te pregunto ¿qué se te haría más fácil, recibir indicaciones de cómo salir de un laberinto o, por medio de la prueba y el error, encontrar tu camino de salida?

Lo mismo sucede con las finanzas, cuando estamos ocupados en vivir los días perdemos de vista la foto completa y en lugar de verla desde las alturas para tomar decisiones inteligentes, la vemos a nivel de piso y la opción que nos queda es reaccionar y sortear los imprevistos que vayan llegando.

Cuando empiezas a ver tus finanzas como tu problema, no en un sentido negativo sino como un reto a tu inteligencia, impides que sean tus emociones las que te arrastren a manejarlas. Mientras más controlado tengas todo, más probabilidades de crecer y de no fracasar tendrás. Sin la visión de adónde te diriges será difícil saber cuáles son tus prioridades; sin esta visión es factible que caigas en incongruencias y te dejes arrastrar por una vida de inercia.

Revisa las descripciones de los siete indicadores que te ofrezco a continuación y que te servirán para analizar tu situación económica. Puedes calcularlos ahora y lo más importante es que repitas los procedimientos cada quincena o cada mes para comparar tus resultados y atestiguar tu avance.

Indicador 1: **Número de fuentes de ingreso**

Fuente de ingreso 1 + Fuente de ingreso 2 + Fuente 3...

Descripción: Este indicador, sencillamente contabiliza el número de fuentes de ingreso que tienes a tu nombre.

Procedimiento: Cuantifica los medios por los que actualmente obtienes ingresos, estos son los productos o servicios que puedas ofrecer a los demás a cambio de dinero, incluyendo tu trabajo actual.

Interpretación: Mientras más fuentes de ingreso tengas, más probabilidades tendrás de generar libertad financiera. Una sola fuente es un riesgo.

Parámetro: La recomendación es que no sean menos de tres y que cada año sumes una, sin descuidar las otras.

Indicador 2: **Nivel de gasto**

$$\frac{\text{Total de gastos mensuales}}{\text{Total de ingresos mensuales}} \times 100$$

Descripción: Este indicador expresa qué proporción tienen tus gastos con respecto a tus ingresos.

Procedimiento: 1. Totaliza tus ingresos del mes. 2. Totaliza los gastos en los que hayas incurrido. No incluyas aquí pagos por deuda o ahorro, sólo considera lo que utilizaste para el gasto corriente diario. 3. Divide el total de tus gastos mensuales entre el total de tus ingresos. 4. El resultado multiplícalo por cien.

Interpretación: Si el porcentaje obtenido es 100%, quiere decir que gastas tanto como ganas, es decir que de cada 100 pesos te gastas 100 pesos. Si el porcentaje es menor a 100, digamos 80%, quiere decir que de cada 100, 80 pesos son utilizados para el gasto corriente. Si el porcentaje es mayor a 100%, éste será un indicador de deuda.

Parámetro: La recomendación es que este resultado sea el menor posible y no mayor al 60%.

Indicador 3: **Nivel de ahorro**

$$\frac{\text{Total de ahorros mensuales}}{\text{Total de ingresos mensuales}} \quad X \quad 100$$

Descripción: Este indicador expresa qué proporción tiene el monto que destinas al ahorro con respecto a tus ingresos en un mes.

Procedimiento: 1. Totaliza tus ingresos del mes. 2. Totaliza la cantidad de dinero que hayas destinado al ahorro. El pago de una hipoteca no es ahorro. 3. Divide el total de tus ahorros mensuales entre el total de tus ingresos. 4. El resultado multiplícalo por cien.

Interpretación: Si el porcentaje obtenido es 10%, quiere decir que de cada 100 pesos, 10 pesos están destinados al ahorro, a la seguridad en el futuro. Si el resultado es 0% éste será indicador de dependencia.

Parámetro: La recomendación es que este porcentaje sea al menos el 10% de tus ingresos. Si puedes menos, que sea menos. Haz un esfuerzo por incrementar este porcentaje cada mes.

Indicador 4: **Trabajo por deuda**

Total del pago mensual de deuda
Deuda acumulada o total

Descripción: Este indicador expresa cuántos meses tendrías que trabajar para liquidar completamente tu deuda si los abonos se fueran al capital sin considerar el pago de intereses.

Procedimiento: 1. Totaliza la cantidad que destinaste en el mes para pagos de deuda (tarjetas de crédito, préstamos, financiamientos, etc.). 2. Totaliza tu deuda acumulada, es decir suma todo lo que debes. Si tienes un financiamiento de automóvil, la cifra que deberás incluir en esta suma es lo que todavía te falta por pagar y no lo que pagas cada mes. 3. Divide el total de tu pago mensual entre el total de tu deuda acumulada.

Interpretación: Mientras mayor sea el resultado de este indicador, más tiempo te tardarás en deshacerte de tus deudas. Más de 2 años es indicador de esclavitud financiera.

Parámetro: La recomendación es que éste número no sea mayor a 1 año, dejando aparte los pagos de deuda por hipotecas.

Indicador 5: **Proporción de tus salidas de efectivo**

Total parcial de gasto mensual	X	100
Gran total (gasto + deuda + ahorro)		
Total parcial de deuda mensual	X	100
Gran total (gasto + deuda + ahorro)		
Total parcial de ahorro mensual	X	100
Gran total (gasto + deuda + ahorro)		

Descripción: Este indicador expresa si tu dinero sirve para resolver tu pasado, tu presente o tu futuro.

Procedimiento: 1. Totaliza tus gastos mensuales, el pago que haces mensualmente de tus deudas y los montos destinados al ahorro. Cada resultado será un "total parcial". 2. Suma los tres totales (gastos, deudas y ahorro) para obtener un "gran total". 3. Divide el "total parcial" de cada rubro por separado entre el "gran total". 4. Multiplica cada resultado por 100.

Interpretación: De acuerdo a tus resultados, encontramos una perspectiva que se fomenta por un tipo de relación con enfoque en el tiempo ya sea al pasado, al presente o al futuro.

- Si el porcentaje que destinas al gasto corriente es el mayor entre los tres, se refleja que tienes un enfoque hacia el presente.
- Si el porcentaje que destinas al pago de deudas es el mayor entre los tres, se refleja que tienes un enfoque hacia el pasado.
- Si el porcentaje que destinas al ahorro es el mayor entre los tres, se refleja que tienes un enfoque hacia el futuro.

Parámetro: La recomendación es que la suma de los porcentajes del presente y del futuro (gasto y ahorro) sea mayor a la del pasado (deuda).

Indicador 6: **Nivel de riqueza líquida**

Total de reservas acumuladas (ahorro y efectivo)
Total de gastos corrientes más el pago mensual de deuda

Descripción: Este indicador expresa cuántos meses podrías vivir sin trabajar manteniendo un mismo estándar de vida.

Procedimiento: 1. Suma el total de reservas acumuladas en efectivo que tengas, incluyendo tus ahorros en efectivo y lo que tengas disponible en tus cuentas. 2. Suma el total de gastos corrientes mensuales más el pago mensual de deuda. 3. Divide el total de tus reservas entre el total de gastos más el pago mensual de deuda.

Interpretación: Si te quedaras por alguna razón sin tus fuentes de ingreso, éste sería el tiempo que estarías respaldado para no preocuparte por dinero, considerando que tu nivel de gastos no se modificara y que se mantuviera como es al día de hoy. Cuando este indicador es alto, digamos mayor a dos años, se habla de una persona que podría afrontar contingencias y que goza de libertad; si es menor a 6 meses, reflejará dependencia y situación de riesgo.

Parámetro: Éste deberá ser, por lo menos de un año y la recomendación es que cada mes incrementes este número, es decir, que el tiempo que estés respaldado por tus ahorros abarque un mayor número de meses.

Indicador 7: **Libertad financiera líquida**

$$\frac{\text{(Total de gastos corrientes más el pago mensual de deuda) x 12}}{\text{Ahorro mensual}}$$

Descripción: Este indicador refleja cuántos meses deberías trabajar para poder disfrutar de un año sin hacerlo.

Procedimiento: 1. Multiplica por 12 el total de los gastos corrientes mensuales más el pago de deuda mensual. 2. Totaliza el dinero que destinas a ahorro mensual. 3. Divide el total de gastos más el pago de deuda mensual multiplicado por 12, entre tu ahorro mensual.

Interpretación: Este indicador varía en función del ahorro que destinas mes a mes. Si tu resultado es, por ejemplo, 120 meses, quiere decir que tendrías que trabajar 10 años ahorrando la cantidad que reportaste para poder descansar uno, si mantuvieras tu mismo nivel de gasto. Si éste es tu caso (o cercano) piensa cuántas veces podrías darle la vuelta a un ciclo así, (trabajar 10 para descansar 1).

Parámetro: La recomendación es que este número sea cada vez menor y dependerá de cada caso. Una sugerencia es que no sea mayor a 5, es decir, que por 5 años de trabajo, se ahorre lo equivalente a 1.

De acuerdo a los resultados que obtengas en el análisis de los indicadores, podrías incrementar o disminuir tus probabilidades de vivir con libertad o esclavitud financiera.

A continuación encontrarás una tabla en la que podrás integrar tus resultados para verlos con mayor facilidad.

En la primera fila, encontrarás los nombres de 6 de los indicadores que acabas de calcular.

Dependiendo del resultado obtenido, circula o marca la opción que más se acerque a tu respuesta.

	Fuentes de ingreso	Nivel de gasto	Nivel de ahorro	Trabajo por deuda	Nivel de riqueza líquida	Libertad financiera líquida
Libertad	Más fuentes	1 - 25%	16% o más	0 años	Más años	Menos años
Independencia	2 fuentes	26 - 50%	6 - 15%	Hasta 1 año	Hasta 1 año	Hasta 5 años
Dependencia	1 fuente	51 - 75%	1 - 5%	Hasta 2 años	Hasta 6 meses	Hasta 7 años
Esclavitud	0 fuentes	76 - 100%	0%	Más años	0 meses	Más años

Revisa cuántas de las opciones que circulaste caen en cada grado medido (libertad, independencia, dependencia y esclavitud) y anótalas en la siguiente tabla.

Número de indicadores que resultaron en **libertad financiera**	
Número de indicadores que resultaron en **independencia financiera**	
Número de indicadores que resultaron en **dependencia financiera**	
Número de indicadores que resultaron en **esclavitud financiera**	

Repite el análisis de los indicadores al finalizar la quincena y el mes, así, tendrás una forma de comparar tus resultados entre un período y otro para comprobar tu cambio.

Para finalizar, revisa la interpretación.

El patrón de libertad financiera

El patrón de libertad financiera refleja al que ha dejado de depender del dinero y de su empleo, al que se fortalece a sí mismo con cada decisión que toma y al que fortifica su patrimonio o la base de su seguridad en el futuro. Es representativo de las personas que han descubierto que si se lo proponen lo pueden lograr. A estas personas no les falta dinero ni los agarran con los dedos en el marco de la puerta. Su sensatez y el uso de herramientas para tener sus finanzas controladas dan sus frutos y los pone en el camino de la emancipación al ejercer su libre voluntad. Aquí están los determinados, los que tienen propósitos claros, los que difícilmente caen en inercia y los que hacen de su vida un reflejo congruente de su voluntad. Son las personas que saben lidiar con sus emociones y que se caracterizan por sus creencias empoderadoras, que han desarrollado a lo largo de los años actitudes que los llevan al éxito y han encontrado la forma de obtener el provecho de sus talentos. Son autosuficientes, seguros de sí mismos, reflejan autoestima y se sienten libres de tomar las decisiones que mejor les convengan. Su tendencia a ser independientes refuerza su capacidad autónoma y abre la puerta a la vía de la plenitud. Su mirada está puesta en el mañana, sin dejar de disfrutar en el presente, un ejemplo vivificante de su capacidad para ejercer su voluntad.

El patrón de esclavitud financiera

La esclavitud se presenta cuando la persona se acostumbra a gastar o se deja llevar por sus impulsos. Quizás sea representativa de las personas que desconocen el valor real del dinero y del trabajo que lo respalda, personas que se han quedado limitadas a una sola opción para generar ingresos y han aceptado la relación del dominador y el dominado como forma de vida. Las decisiones en el pasado y en el presente los han llevado a una situación en la que el fruto de su trabajo no es para ellos mismos sino para todos los demás, ya sea por haberse hecho de deudas o por sufrir de un cuadro consumista que esconde la falta de un propósito o de la voluntad para cumplir con él. Aquí encontramos a las personas que tienden a caer en inercia o en incongruencia, a aquellos cuyas creencias tienden a ser debilitantes y que han desarrollado actitudes que podrían propiciar su fracaso financiero. Quizás desconozcan sus fortalezas y sean muy conscientes de sus debilidades lo que los hace hacer lo que sea por ganar dinero y nada por hacerse de una vida en plenitud. Estos resultados reflejan a los dependientes, a los inseguros, a los autodestructivos, a los que se han abandonado a sí mismos, a los conformistas y a los estancados. La renuncia a un mejor futuro, consciente o inconscientemente, se evidencia por medio de lo que hacen con su dinero y, si quieren aspirar a una mejor condición, primero deberán modificar su programación respecto al dinero, volverse conscientes y luego dejar que cambie su comportamiento.

Registra tus transacciones

A continuación te presento una forma de generar información para controlar tus finanzas. Si estás decidido a emprender un cambio en tu experiencia financiera, este mecanismo deberá reflejar la efectividad de tu esfuerzo, además de ayudar a conocerte mejor si lo vas replicando con el paso del tiempo.

- Compra una libreta, cuaderno o aplicación electrónica para el celular para registrar tus gastos.
- Registra por separado los ingresos, los gastos, el pago de deudas y el ahorro.
- Cada que hagas una transacción es importante que la registres anotando el día, el concepto y el monto.
- Procura registrar la transacción justo en el momento en que se da para asegurarte de que no te olvidarás de anotarlo. Esto no debe tomarte más de 20 segundos cada vez. Puedes incluso cambiarte el reloj de mano o amarrarte un hilo que te recuerde que debes apuntar todo lo que haces con tu dinero.
- Al finalizar el día, antes de dormir, dedica 10 minutos a revisar tus registros con la finalidad de corroborar que hayas anotado correctamente cada uno de ellos. Si lo haces diario tendrás mayor control.

- Al finalizar el mes o la quincena utiliza los siete indicadores que se te han planteado para analizar tu situación financiera.
- Repite los ejercicios cada quincena o mes y compara los resultados de un periodo con otro. Revisa si estos aumentaron o disminuyeron e identifica la razón por la que eso sucedió.
- Define las acciones que tomarás para que mejoren tus resultados el siguiente mes.

• RESUMEN PARA TU EXPERIENCIA •

Adquirir conciencia de tu programación, partiendo de lo que haces con tu dinero, te ayudará a desarrollar una conciencia sobre ti mismo y sobre tus finanzas. Comparar los resultados de un mes con otro reflejará tu esfuerzo y tu voluntad por mejorar, para ello, deberás acostumbrarte a registrar tus transacciones monetarias cada vez que sucedan. Al finalizar el mes, utiliza los siete indicadores y la gráfica para evaluar tus resultados y con el paso de los días, compara un mes con otro.

¿A qué te comprometes?

☐ Todos los días registraré mis transacciones monetarias.

☐ Cada mes realizaré un reporte para evaluar mi cambio.

☐ De encontrarme con resultados poco alentadores, haré un esfuerzo por mejorarlos.

¿Cómo llevarás tus compromisos a la práctica?

1_

2_

3_

Después de haber revisado este capítulo, ¿de qué te das cuenta ahora y qué vas a hacer con eso?

INTEGRACIÓN DE EJERCICIOS

Para dar por terminados los ejercicios, en la siguiente sección deberás integrar los resultados que obtuviste. (Encontrarás la página de referencia para ubicarlos fácilmente).

Mi mayor fortaleza ejerciendo mi poder personal (46)	
Mi mayor debilidad para ejercer mi poder personal (46)	
Los tres propósitos más importantes en mi vida hoy (69)	
Los tres escenarios en mi vida que debo atender con mayor urgencia (91)	

Mi gráfica de congruencia o incongruencia financiera refleja (104)		
Mi emoción predominante con respecto al dinero (127)		
Mis tres creencias más importantes con respecto al dinero (144)		
Mi tendencia actitudinal predominante es de éxito o de fracaso financiero (157)		
Mis tres patrones de personalidad predominantes con el dinero (184)		
Mis tres formas predominantes de relación con el dinero (200)		
Los indicadores de mis finanzas señalan libertad, independencia, dependencia o esclavitud financiera (257)		

Los ejercicios realizados a lo largo del libro son diagnósticos situacionales, es decir que pueden modificarse si los realizas en tiempos diferentes. Te recomiendo dejar pasar de tres a seis meses y luego volver a realizarlos para evaluar si se presentaron modificaciones en tu comportamiento y en tu experiencia.

CONCLUSIONES FINALES

La adquisición de conciencia económica y psicológica es una posibilidad para las personas que han tenido suficientes experiencias por medio del ensayo y el error, éstas les permiten hacerse de una idea más o menos clara de qué funciona mejor en cuanto a la administración de su dinero. Los ejercicios planteados en este libro tienen la finalidad de acelerar el surgimiento de ese conocimiento, ayudando a que se acorte el tiempo para darse cuenta de la situación personal. Las reflexiones, además de revelar la constitución psicológica individual, podrían originar en el lector la aparición de una crisis, que si bien puede presentarse años después, se confabula en el presente, dando mayor tiempo y rango de decisión. Aunque a veces rehuimos a las crisis, por la experiencia emocionalmente negativa que provocan, hasta no haber pasado por una no podremos aspirar a algo diferente, pues es gracias a ellas que se abre la posibilidad de replanteamientos profundos que no dejan que la persona permanezca igual.

Una mayor conciencia también faculta a la persona para tomar mejores decisiones, pues con mayores elementos de autoconocimiento y de inteligencia financiera, no puede tomarse una decisión sin considerar el impacto psicológico que provocará y que es tan importante como el número final del balance de las cuentas.

Comprender que los resultados financieros surgen dependiendo de la psicología personal puede representar un avance importante en la forma en la que vemos el mundo, ya que no sólo con el dinero se da pie a esta derivación. La psicología personal también subyace a la forma que toman nuestras relaciones, a los resultados que obtenemos de nuestro trabajo y a lo que hacemos con el mundo en el que vivimos; en realidad, a cualquier resultado que obtengamos derivado de los comportamientos que parten de nuestra forma de ser. Es uno mismo quien provoca lo que le sucede.

La apertura de un archivo en la mente de la persona llamado "futuro" sin duda da un mayor sentido a las decisiones tomadas en el presente. El estilo de vida que llevamos no permite de manera natural hacerse de reflexiones en las que orientemos el propio actuar y en algo se habrá contribuido a responder a la pregunta "lo que estoy haciendo hoy ¿me está llevando adonde quiero estar mañana?", un cuestionamiento esencial cuando se trata de modificar el rumbo que sigue la propia historia.

Romper con patrones del pasado, con miedos y creencias que no son propias, además de ayudar a desarrollar una identidad legítima, fomenta una adaptación más asertiva con el mundo en el que vivimos, adecuada a los tiempos actuales, lo que nos puede prevenir de quedar rezagados y de posibles desenlaces indeseables en el futuro.

Por otro lado, la apertura de canales de comunicación con uno mismo fortalece el criterio personal y promueve la autodefinición, lo que nos previene de ser objeto de la voluntad de los demás.

El descubrimiento de los propósitos personales, el reconocimiento de las motivaciones internas y el conocimiento de los patrones de personalidad con el dinero, ayudan a que el trabajo que se desempeñe cumpla con las propias expectativas, además de favorecer que las finanzas se conviertan en el puente para disfrutar la vida. Quizás sea éste uno de los remedios a vidas de automatismo y sin sentido, pues nunca será lo mismo hacer por hacer, que hacerlo por un beneficio esperado, no sólo en lo económico sino en el sentido de la trascendencia individual.

Pero como ya hemos dicho, la adquisición de conciencia es sólo el primer paso, el siguiente es actuar en consecuencia y darse a la tarea de construir en el presente, el futuro que se espera; lo importante es no dejar de proyectar y aprovechar los beneficios de la facultad de ejercer el poder personal.

Espero que leer este libro te haya dejado no sólo buenas sino enriquecedoras experiencias, no sólo agradables sino fortificantes vivencias y no sólo paliativos para jactarte de estar bien sino curiosidad para preguntarte cómo podrías estar mejor.

Te recomiendo que pasado un tiempo, vuelvas a realizar los ejercicios, todos o los que más te hayan llamado la atención y que compares tu avance entre un periodo y otro, así sabrás qué tanto estás siendo efectivo en la modificación de tu comportamiento y si te estás dirigiendo a tu realización mental y financiera.

Si así te lo demuestras, estarás convirtiéndote en un agente de influencia no sólo en tu vida sino para otras personas que empezarán a notar en ti otros ánimos y la pura curiosidad que les despiertes puede hacerles desear algo similar con lo que, directa o indirectamente, estarás contribuyendo a su bienestar y tal vez despertando su deseo por vivir ¡una vida en libertad!

DATOS DE CONTACTO

Mario Pérez Ladrón De Guevara
mario.perez@psicofinanzas.com
www.psicofinanzas.com

BIBLIOGRAFÍA

1. Alles, M., *Diccionario de comportamientos*, Argentina, Granica, 2004.
2. Barajas, L., *Microempresa Mega Vida*, Nashville, Grupo Nelson, 2007.
3. Blanchard, K. y Bowles, Sh., *Guía para convertirse en multimillonario*, Bogotá, Harper Collins Publishers, 2000.
4. Bolen, Sh., *Las diosas de cada mujer*, Barcelona, Kairós, 2010.
5. Bolen, Sh., *Los dioses de cada hombre*, Barcelona, Kairós, 2010.
6. Camerer, C., Lowenstein, G., Rabin, M., *Advances in Behavioural Economics*, Nueva York, Princeton University Press, 2004.
7. Clason, G., *El hombre más rico de Babilonia*, Nuevo León, Ediciones Castillo, 1989.
8. Downing, Ch., *Espejos del yo*, Barcelona, Kairós, 2007.
9. Duck, J., *El monstruo del cambio*, Madrid, Urano, 2002.
10. Escarpulli, A., *Contabilidad financiera 1*, México, IMCP, 2008.
11. Escarpulli, A., *Contabilidad financiera 2*, México, IMCP, 2008.
12. Fisher, M., *El millonario instantáneo*, Barcelona, Urano, 2000.
13. Frankl, V., *El hombre doliente*, Barcelona, Herder, 2006.

14. Goleman, D., *La inteligencia emocional en la empresa*, Buenos Aires, Vergara, 2000.

15. Graves, R., *Los mitos griegos I*, Madrid, Alianza Editorial, 1985.

16. Graves, R., *Los mitos griegos II*, Madrid, Alianza Editorial, 1985.

17. Hansen M. y Allen R., *Millonario al instante*, México, Planeta, 2003.

18. Hill, N., *Piense y hágase rico*, México, Random House Mondadori, 2008.

19. Hillman, J., *Reimaginar la psicología*, Madrid, Siruela, 1999.

20. Horngren, Harrison, Oliver, *Contabilidad*, México, Pearson, 2010.

21. Jackson, A., *Los diez secretos de la riqueza abundante*, Málaga, Sirio, 2001.

22. Jung, C., *AION Contribución a los símbolos del sí mismo*, Barcelona, Paidós,1976.

23. Jung, C., *Formaciones de lo inconsciente*, Buenos Aires, Paidós, 1976.

24. Jung, C., *El hombre y sus símbolos*, Barcelona, Caralt, 2002.

25. Jung, C., *La práctica de la psicoterapia*, Madrid, Trotta, 2006.

26. Jung, C., *La dinámica de lo inconsciente*, Madrid, Trotta, 2004.

27. Jung, C., *Arquetipos e inconsciente colectivo*, Barcelona, Paidós, 2004.

28. Jünger, F., *Los mitos griegos*, Barcelona, Herder, 2006.

29. Kiyosaki, R., *El cuadrante del flujo de dinero*, Buenos Aires, Time & Money, 2002.

30. Kiyosaki, R., *Guía para hacerse rico*, México, Aguilar, 2005.

31. Kiyosaki, R., *Padre rico padre pobre*, México, Aguilar, 2009.

32. Levin, R. y Rubin, D., *Estadística para administración y economía*, México, Pearson, 2004.

33. López-Ibor, J., *DSM-IV-TR*, Barcelona, Elsevier Masson, 2002.

34. Meigs, R., Williams, J., *Contabilidad*, Bogotá, McGraw Hill, 2000.

35. Morales, F., *Psicología social*, Madrid, McGraw Hill, 1999.

36. Morris, Ch., *Psicología, un nuevo enfoque*, México, Prentice Hall, 1992.

37. Murphy, J., *El poder de la mente subconsciente*, Cali, Prentice Hall, 1986.

38. Ribeiro, L., *La prosperidad*, Barcelona, Urano, 1994.

39. Ribeiro, L. y Ribeiro, E., *La gran oportunidad*, México, Planeta, 2005.

40. Robertson, R., *Introducción a la psicología junguiana*, Barcelona, Obelisco, 2006.

41. Rodrigez, E., Ramírez, P., *Psicología del Mexicano en el trabajo*, México, McGraw Hill, 2003.

42. Roger, W. y Frances,V., *Más allá del ego*, Barcelona, Kairós, 2000.

43. Samsó, R., *El código del dinero*, Buenos Aires, Obelisco, 2009.

44. Turner, S., *Herramientas para el éxito*, México, McGraw Hill, 2002.

45. Zweig, C. y Abrahams J., *Encuentro con la sombra*, Barcelona, Kairós, 2002.